Vivre en harmonie avec la lune 2022

Crédits photos :
Fotolia.com : Jkar866 (p. 11), Neung Stockr (p. 48-49), Patrimonio designs (p. 8).
Shutterstock.com : Kamil Macniak (p. 15), kdshutterman (p. 6), Onyshchenko (p. 12),
Pixelparticle (p. 13), puhhha (p. 14), Terrance Emerson (p. 4), Trifonov Igor (p. 17), Yuriy Mazur (p. 10).

Ouvrage collectif réalisé par Losange
avec la collaboration d'Alice Delvaille

www.editions-artemis.com

ISBN : 978-2-8160-1839-4
N° d'éditeur : 8160
Dépôt légal : août 2021

Achevé d'imprimer : juillet 2021
Imprimé en Chine par Toppan Leefung

santé • beauté • bien-être

Vivre en harmonie avec la lune 2022

Artémis éditions

Sommaire

Les cycles lunaires et leurs influences

Lune :
sa carte d'identité

Apparue il y a environ 4,56 milliards d'années, la Lune serait peut-être issue d'un violent choc subi par la croûte terrestre. Des débris de cette croûte terrestre se seraient alors regroupés dans l'espace pour, grâce à un effet de rotation, se regrouper et former un nouvel astre : la Lune.

Les cycles lunaires

Le cycle visible, ou cycle synodique

La lunaison (ou mois lunaire) correspond à la révolution lunaire complète, d'une nouvelle lune à la nouvelle lune suivante. Cette révolution synodique – qui s'effectue en 29 jours, 12 heures et 44 minutes – correspond à un tour complet de la Terre augmenté du déplacement de cette dernière par rapport au Soleil afin de retrouver l'alignement initial.

La nouvelle lune (surnommée « lune noire » du fait qu'elle est complètement obscure) débute lorsque la Lune se situe dans l'exact alignement de la Terre et du Soleil : la Lune est alors invisible pour nous. Elle est croissante pendant la période qui s'étend de la nouvelle lune à la pleine lune : sa surface lumineuse augmente alors régulièrement.

La pleine lune (parfois appelée « lune blanche ») a lieu lorsque la face visible de la Lune est observable en pleine lumière. Elle marque le début de la lune décroissante, une phase pendant laquelle la Lune revient vers le Soleil. Sa luminosité a alors tendance à baisser.

Les phases de la Lune

C'est le rayonnement du Soleil qui illumine la face de la Lune visible depuis la Terre.

Suivant l'alignement des trois astres (Soleil-Lune-Terre), la Lune est plus ou moins éclairée.

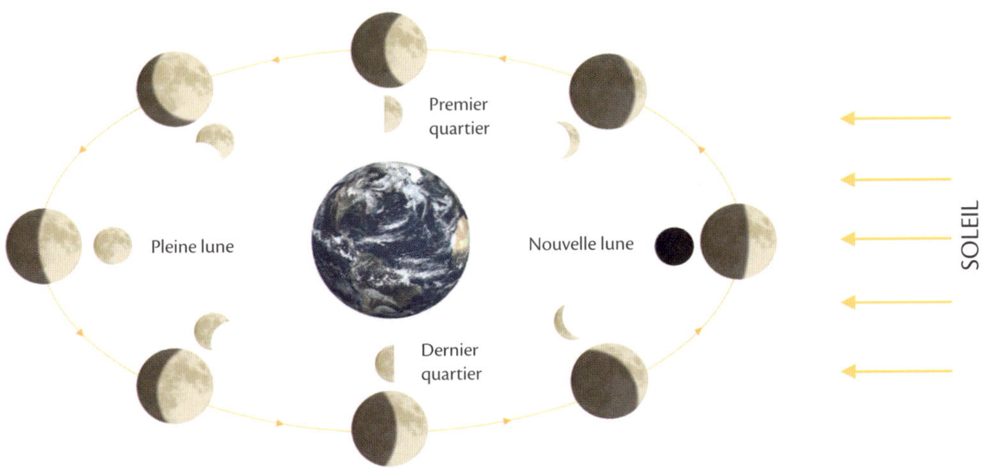

Croissante ou décroissante ?

Pour savoir si la Lune est en phase croissante ou décroissante, on accole un trait vertical au quartier de Lune que l'on voit : si cela dessine un « p », on est en présence du « premier » quartier, la Lune est donc croissante. S'il s'agit d'un « d », on observe le « dernier » quartier, lorsque la Lune est décroissante.

Le cycle invisible, ou cycle périodique

La Lune varie aussi par rapport à l'horizon : on évoque alors la lune ascendante ou descendante. On la qualifie d'ascendante lorsqu'elle est chaque nuit un peu plus haut dans le ciel. Elle devient descendante lorsqu'elle baisse vers l'horizon. Pour savoir si elle est dans l'une ou l'autre de ces phases, il convient de l'observer pendant deux ou trois nuits consécutives, en prenant un point de repère fixe dans le paysage : c'est le meilleur moyen pour déterminer avec exactitude si sa trajectoire s'élève dans le ciel ou si elle descend par rapport au point de repère initialement choisi.

Une précision : notre satellite lunaire a une influence différente sur les hommes, les animaux, les marées et la vie végétale en fonction de la latitude. Plus on se rapproche de l'équateur, moins le mouvement montant ou descendant de la lune est fort. En revanche, plus on s'en éloigne, pour se diriger vers les pôles, plus ces mouvements sont importants. Et leur impact également.

Quand la lune est mal lunée

Apogée et périgée

La Lune tourne autour de notre planète en suivant une ellipse. La plus grande distance entre la Terre et son satellite est de l'ordre de 406 500 km : c'est l'apogée. Et la distance la plus courte avoisine les 356 400 km : c'est le périgée. C'est alors que le diamètre de la Lune semble le plus important. C'est aussi à ce moment, lorsqu'elle est la plus proche de la Terre, que ses influences se font le plus sentir sur les eaux, la vie végétale, la vie animale et les humains.

Cycle invisible

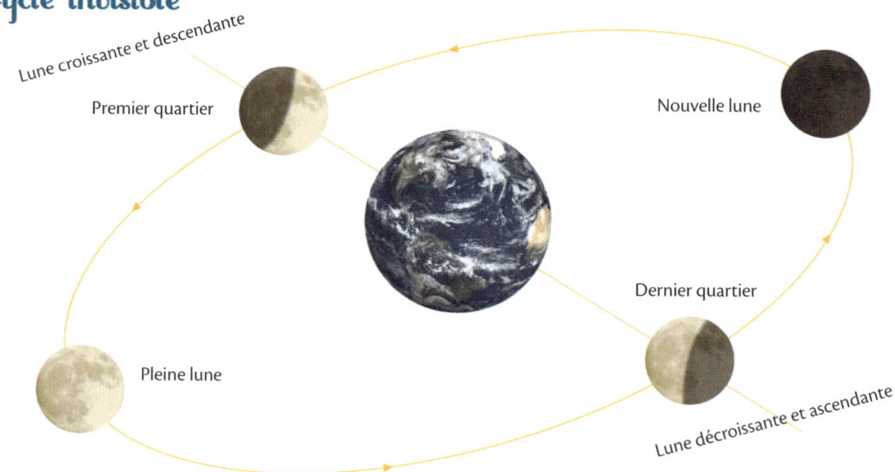

Sans rapport

Lunes montante et descendante et lunes croissante et décroissante sont deux cycles distincts, qui n'ont pas la même durée et ne sont pas coordonnés. La Lune peut à la fois monter et décroître et inversement. Il n'y a pas de lien entre sa forme lumineuse et son mouvement dans le ciel.

Les nœuds lunaires

La Terre se déplace autour du Soleil en suivant une trajectoire elliptique. Le plan dans lequel s'inscrit cette ellipse s'appelle l'écliptique. Pour sa part, la Lune se déplace autour de la Terre en suivant également une trajectoire elliptique. Le plan de cette ellipse forme un angle de 5°09' avec l'écliptique. Pendant sa révolution autour de la Terre, la Lune va traverser l'écliptique à deux reprises : une fois en montant (nœud lunaire montant) et une fois en descendant (nœud lunaire

Apogée et périgée

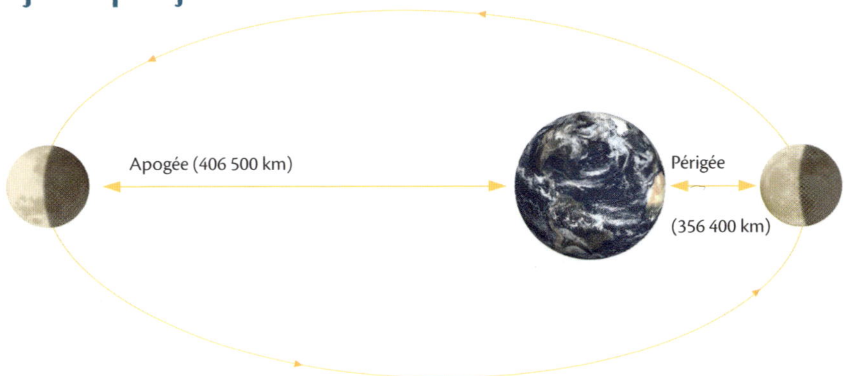

Nœuds lunaires

Les passages des nœuds lunaires sont des moments où il faut éviter les activités liées au bien-être, à la beauté et à la santé pendant quelques heures. Cela se produit généralement deux fois par mois.

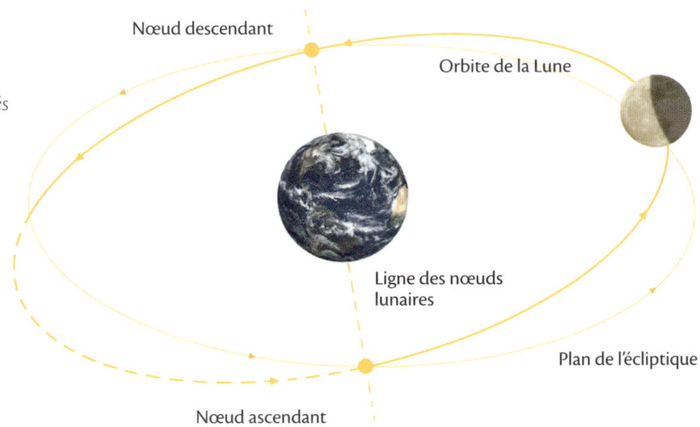

Les couleurs de la Lune

• ***La lune bleue :*** *généralement, il n'y a qu'une seule pleine lune par mois. Exceptionnellement, il peut y en avoir deux. Cette seconde pleine lune est appelée « lune bleue ».*
• ***La lune rousse :*** *elle commence à la nouvelle lune qui suit Pâques. Quand la Lune brille dans un ciel dégagé au début du printemps, la nuit est très fraîche et l'on a souvent des gelées blanches. La Lune est « rousse », car elle « roussit » les jeunes pousses.*
• ***La lune noire :*** *quand il n'y a pas de pleine lune dans un mois, quand il n'y a pas de nouvelle lune dans un mois ou quand il y a deux nouvelles lunes dans un mois, on parle alors de « lune noire ».*
• ***La lune cendrée :*** *quand, quelques jours avant ou après la nouvelle lune, le croissant lunaire semble flou et comme dans un brouillard, on parle de lune cendrée.*

descendant). Comme l'apogée et le périgée, les nœuds lunaires sont des périodes très délicates et perturbées, pendant lesquelles il faut éviter d'entamer les activités de jardinage, mais également celles liées au bien-être, à la beauté et à la santé.

• Les éclipses lunaires

Par éclipse, on entend la disparition momentanée d'un astre à cause de la position de la Terre, du Soleil et de la Lune les uns par rapport aux autres. Les éclipses lunaires se produisent généralement quand la pleine lune est proche d'un nœud lunaire (ascendant ou descendant). À ce moment, la Terre s'intercale entre le Soleil et la Lune, cachant ainsi tout ou partie de cette dernière. Il s'agit également d'une période de fortes perturbations.

Signes du zodiaque et constellations

Depuis l'Antiquité, les hommes regroupent certains astres entre eux au moyen de lignes imaginaires tracées dans le ciel. Ce découpage permet d'obtenir des figures qui font tour à tour penser à des personnages mythologiques, à des animaux… C'est de ces formes que sont venus les noms donnés aux diverses constellations. Lorsque la Lune passe devant l'une d'elles, elle active automatiquement les influences spécifiques à cette constellation et nous les transmet.

Les signes du zodiaque, quant à eux, sont la résultante d'un autre découpage : celui du zodiaque en douze parties égales, chaque partie mesurant exactement 30°. Il existe cependant un décalage entre le signe zodiacal et la constellation correspondante. Celui-ci vient de ce que l'on appelle généralement la « précession des équinoxes ». Autrement dit : le lent mouvement perpétuel de la Terre sur son axe. Ce mouvement provoque un retard de l'ordre de 20 minutes par an dans sa course. Il en découle qu'il faut 25 765 ans avant qu'un signe du zodiaque se trouve exactement face à la constellation correspondante.

L'influence de la Lune

La Lune est l'astre qui est le plus proche de la Terre. Cette proximité, mais aussi sa taille, font qu'elle est

Lune et constellations

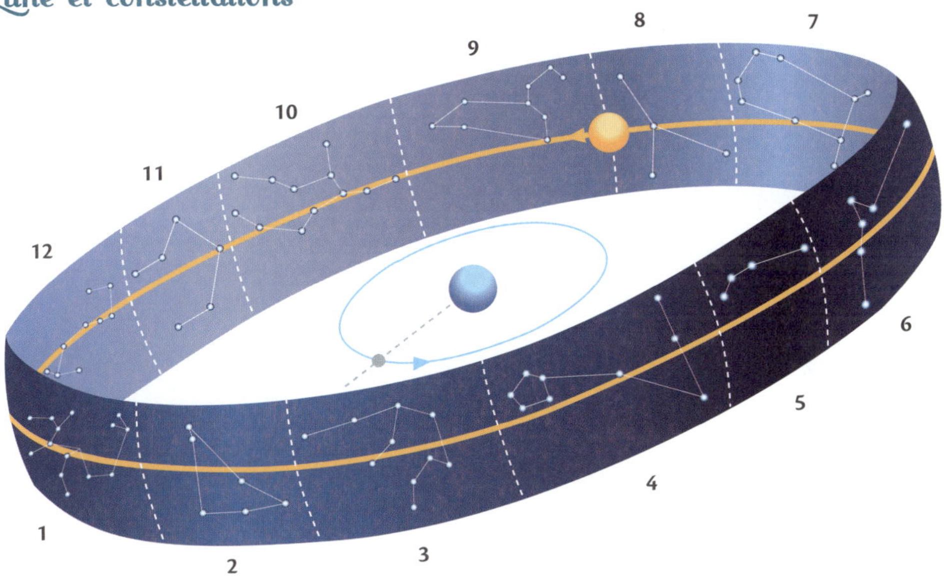

Écliptique

Soleil

Terre

Lune

Orbite lunaire

1 – Sagittaire ♐

2 – Capricorne ♑

3 – Verseau ♒

4 – Poissons ♓

5 – Bélier ♈

6 – Taureau ♉

7 – Gémeaux ♊

8 – Cancer ♋

9 – Lion ♌

10 – Vierge ♍

11 – Balance ♎

12 – Scorpion ♏

Douze signes, quatre éléments

Les signes du zodiaque sont au nombre de douze : Verseau, Poissons, Bélier, Taureau, Gémeaux, Cancer, Lion, Vierge, Balance, Scorpion, Sagittaire et Capricorne. Ils sont subdivisés en quatre éléments naturels : l'air, l'eau, le feu et la terre.
- ***Les signes d'air*** *sont Gémeaux, Balance et Verseau.*
- ***Les signes d'eau*** *sont Cancer, Scorpion et Poissons.*
- ***Les signes de feu*** *sont Bélier, Lion et Sagittaire.*
- ***Les signes de terre*** *sont Taureau, Vierge et Capricorne.*

Si les constellations ont une influence plus physique que les signes zodiacaux, ces derniers ont un rôle énergisant et influencent fortement les quatre qualités fondamentales que sont le froid, le chaud, l'humide et le sec.

également l'astre qui exerce la plus forte influence sur de nombreuses facettes de la vie terrestre, tout juste après l'influence exercée par le Soleil. Elle exerce son influence par trois forces physiques différentes :

– la gravitation, dont l'action peut grosso modo être comparée à celle d'un aimant ;

– le champ magnétique, qui exerce surtout une influence sur les végétaux et sur la santé ;

– la lumière, puisque la Lune nous renvoie une partie de la lumière solaire.

Si la Lune exerce des influences reconnues sur les marées (qui sont d'ailleurs calées sur le cycle lunaire et sont maximales lors de la nouvelle et de la pleine lune), sur les animaux et les végétaux (constitués en moyenne à 95 % d'eau), elle exerce également des influences indéniables sur l'homme, tant au niveau de son bien-être général que de sa santé.

Rien de vraiment étonnant à cela lorsque l'on sait que l'homme est composé à plus de 80 % d'eau. Si la Lune a une influence depuis longtemps prouvée sur l'eau des mers et des océans, il est logique qu'elle en ait aussi sur l'eau dont nous sommes majoritairement composés, et donc sur notre organisme. La Lune nous influence également au travers de tous les liquides présents au sein de notre organisme, à commencer par le sang, sans oublier le liquide céphalo-rachidien ou la lymphe notamment.

Une influence variable d'une personne à l'autre

Chaque être humain est unique face aux influences lunaires : les uns les ressentiront plus fortement alors qu'elles sembleront beaucoup plus modérées pour d'autres. L'essentiel est de rester attentif à ces influences, ainsi qu'aux nombreux signes qui permettent d'en profiter le mieux possible.

La lune et nous

La beauté, la santé, l'équilibre psychologique, le bien-être général sont directement influencés par la Lune, même si bien d'autres facteurs peuvent entrer en ligne de compte, avec souvent des impacts négatifs sur la santé physique ou psychique : de mauvaises habitudes alimentaires, une trop forte sédentarité, un manque d'exercice physique, une mauvaise hygiène de vie, une dépendance au tabac ou à l'alcool, etc.

Lune, zodiaque et santé

Chaque signe du zodiaque correspond à des parties bien spécifiques du corps humain. En passant devant ces signes, la Lune exerce donc des influences spécifiques sur diverses parties de l'organisme.

– Quand la Lune est en Verseau, il y a plus de risques de développer des ulcères aux jambes ou des varices.

– Quand la Lune est en Poissons, elle exerce une influence très nette sur la circulation lymphatique et donc sur le système immunitaire.

– Quand la Lune est en Bélier, elle peut provoquer des insomnies et engendrer un surcroît de fatigue. Les maux de tête peuvent aussi être au programme.

– Quand la Lune est en Taureau, il faut faire plus attention aux maux de gorge.

– Quand la Lune est en Gémeaux, c'est toute la sphère ORL (nez, gorge et oreilles) qui est touchée.

– Quand la Lune est en Cancer, des troubles digestifs sont au menu. C'est aussi une période qui a tendance à favoriser la prise de poids.

– Quand la Lune est en Lion, des problèmes circulatoires et/ou cardiaques peuvent survenir.

– Quand la Lune est en Vierge, ce sont des problèmes intestinaux qui peuvent apparaître.

– Quand la Lune est en Balance, les reins sont plus sensibles.

– Quand la Lune est en Scorpion, le risque d'affections urinaires est accru.

– Quand la Lune est en Sagittaire, il faut faire particulièrement attention aux risques de fractures du fémur.

– Quand la Lune est en Capricorne, les éruptions cutanées sont plus fréquentes.

Nous sommes tous lunatiques !

La pleine lune

La pleine lune a une influence très forte et souvent constatée sur la sensibilité émotionnelle et psychique. Cette influence est même à son apogée pendant cette période qui, pour beaucoup de personnes, est généralement synonyme de nervosité, de mauvaise humeur, d'irritabilité, voire d'agressivité. Il est donc conseillé de prendre le temps de « se faire du bien » grâce à des tisanes naturelles ou des massages relaxants notamment. L'idée est de tenter d'atténuer l'état d'agitation et de nervosité engendré par la pleine lune.

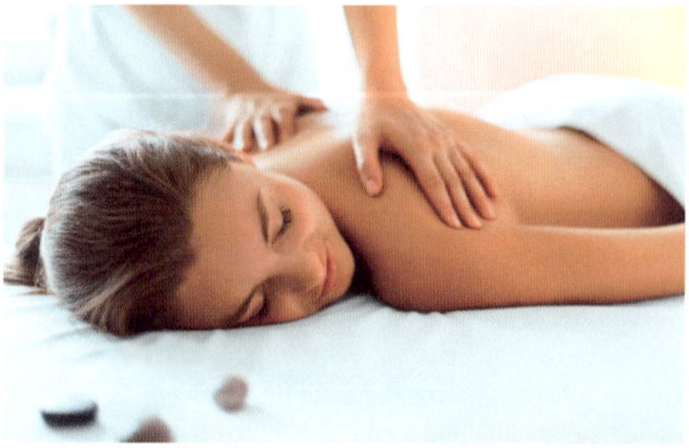

Plus spécifiquement sur le plan de la santé physique, la pleine lune a tendance à engendrer ce que l'on appelle parfois des « mini-marées » intérieures, c'est-à-dire des variations plus ou moins sensibles du volume sanguin. Ces variations peuvent entraîner (en fonction de chaque individu) une sensation de jambes lourdes, des infections urinaires diverses (dont des cystites), une insuffisance veineuse, des hémorragies.

Nœuds lunaires, apogée et périgée

Toutes ces périodes sont des jours néfastes pour entreprendre quelque chose. Il faut compter 5 h avant et après un nœud lunaire, 48 h avant et après l'apogée, et enfin 24 h avant et après le périgée pour entamer quoi que ce soit.

Observez-vous durant ces périodes : le moral est à zéro et vous vous sentez patraque. Surtout, ne vous consolez pas par des grignotages ou des excès d'alcool, ne commencez pas de cure, ne vous coupez pas les cheveux ou les ongles. En bref : attendez que ça passe ! Pensez uniquement à vous chouchouter : bains aux huiles essentielles, massages relaxants, sorties détente, etc.

La nouvelle lune

Pendant la nouvelle lune, l'astre de la nuit est invisible. Ce qui ne signifie pas pour autant qu'il n'exerce aucune influence, loin de là ! Ce moment est par exemple idéal pour dresser un bilan sérieux, déterminer de nouvelles voies à suivre, modifier certaines habitudes. Bref, la période est au recentrement et aux changements les plus efficaces, positifs et durables possibles. Place aux bonnes résolutions !

La nouvelle lune est aussi une période au cours de laquelle l'organisme élimine plus aisément les toxines. C'est donc le moment d'entamer un jeûne d'une journée ou de quelques jours.

La lune croissante

C'est lorsque la lune est croissante que l'organisme reprend des forces. Si vous venez de subir une opération chirurgicale ou si vous avez été récemment malade, votre convalescence n'en sera que meilleure. C'est aussi le moment d'entamer une cure ou un traitement naturel antifatigue. N'oubliez pas non plus de profiter des bienfaits de massages tonifiants, excellents pour les circulations veineuses et lymphatiques.

Massage relaxant ou massage tonifiant et revigorant ?

La lune croissante est favorable aux massages tonifiants, tandis que la lune décroissante est favorable aux massages relaxants.

Sur le plan psychologique, l'humeur est plus positive. Vous voulez mettre de nouveaux projets en route ? C'est le moment de le faire ! C'est aussi le moment de tenter de perdre quelques mauvaises habitudes : arrêter de fumer, diminuer drastiquement la consommation d'alcool, etc.

Pensez à entamer une cure de vitamines ou d'oligoéléments. Tous les traitements naturels (et notamment ceux à base de plantes) seront bien assimilés par l'organisme.

• La lune décroissante

La lune décroissante est plutôt une période d'élimination. Sus, entre autres, aux kilos superflus : la période est excellente pour s'y attaquer, entamer un régime minceur (à condition qu'il soit équilibré) et éliminer les toxines. Atout supplémentaire pendant cette période, le corps a un regain d'énergie : un régime minceur n'aura donc pas tendance à vous épuiser.

Sur le plan psychologique, la période incite à la réflexion, voire à la spiritualité. Vous avez toujours voulu vous mettre au yoga ou tenter des séances de méditation ? C'est maintenant qu'il faut s'y mettre !

Lune et beauté : l'accord parfait

La Lune ne se contente pas d'exercer son influence sur notre santé : elle intervient également au niveau de notre bien-être général et doit entrer en ligne de compte au moment de commencer des soins de beauté.

• La lune croissante

La lune croissante est plutôt propice aux soins de la peau, surtout pour les personnes qui ont une peau mixte ou sèche. Pendant cette période, les crèmes nourrissantes, les lotions raffermissantes, etc., sont d'autant plus efficaces (surtout si elles sont de qualité bio) : la peau absorbe mieux leurs principes actifs.

C'est aussi le moment de songer aux cheveux : coupés en lune croissante, ils repoussent vite, les couleurs prennent mieux et durent plus longtemps.

• La lune décroissante

La lune décroissante favorise une repousse plus lente des cheveux : si vous désirez espacer vos rendez-vous chez le coiffeur, c'est dans cette période que vous devez faire couper vos cheveux. C'est encore plus important si les cheveux sont abîmés, cassants, fourchus ou s'ils manquent nettement de volume. Ils seront plus vigoureux et en meilleure santé.

Pendant cette période, les cheveux secs méritent une attention toute particulière : la plupart des soins, et notamment les masques capillaires et les bains d'huile, sont d'une extraordinaire efficacité.

Cheveux secs, mais peau grasse... La lune décroissante est favorable aux soins des peaux grasses et à leur nettoyage en profondeur avec des fumigations et des gommages. C'est aussi un moment idéal pour com-

La Lune et vos cheveux

- *Pour faire du bien à vos cheveux, coupez-les pendant la pleine lune, ils repousseront plus vigoureux.*
- *Honneur aux coupes courtes à la nouvelle lune.*
- *En période de lune croissante, traitez vos cheveux gras et faites votre couleur.*
- *En lune décroissante, faites des soins et des masques en profondeur.*

La Lune et votre peau

- ***À la nouvelle lune,*** *peelings et gommages sont à l'honneur.*
- ***À la pleine lune,*** *nourrissez votre peau en profondeur et entamez des traitements de fond.*
- ***En lune croissante,*** *hydratez votre peau au maximum.*
- ***En lune décroissante,*** *nettoyez-la en profondeur (surtout si vous avez la peau grasse).*
- ***En lune montante,*** *c'est la période où les principes actifs de vos crèmes pénètrent le mieux votre peau.*
- ***En lune descendante,*** *votre peau a besoin d'un nettoyage en profondeur : ne la surchargez pas.*

mencer un traitement naturel contre l'acné ou contre les disgracieux points noirs.

La pleine lune

Les effets de la pleine lune peuvent se ressentir pendant deux ou trois jours. Il faut en profiter pour se couper les cheveux (entre toutes, la pleine lune est « la » période idéale pour le faire) : ils repousseront vite et vigoureusement. C'est aussi le moment de chouchouter le cuir chevelu, en lui apportant tous les nutriments dont il a besoin.

Par contre, ce n'est pas la bonne période pour songer à s'épiler : comme les cheveux, les poils repousseront très vite, ce qui n'est généralement pas l'effet désiré.

La nouvelle lune

La nouvelle lune est indiquée pour nettoyer la peau en profondeur et pour la régénérer. La période est en effet propice à la purification. Autant en profiter pleinement !

Plus de masse grasse, moins de masse musculaire

En moyenne, dès l'âge de 25 ans, une personne « gagne » (si l'on ose ainsi dire...) 0,7 kg de masse grasse par an, mais perd 0,25 kg de masse musculaire et osseuse.

Mincir avec la Lune ?

Mincir : perdre ces quelques kilos superflus qui pèsent lourd sur la balance... et le moral ! Que ce soit à l'approche de l'été, juste avant d'enfiler le maillot de bain, ou un peu avant les fêtes de fin d'année, la chasse aux kilos est, pour beaucoup d'entre nous, une préoccupation de (presque) tous les instants.

La majorité des régimes ont une efficacité inégale et très relative quant à la perte de poids. Par contre, ils entraînent presque toujours un déséquilibre nutritionnel qui pousse inexorablement l'organisme à « se venger ». C'est ce que l'on appelle l'effet yo-yo : les kilos perdus à grand-peine sont encore plus vite récupérés. Avec généralement quelques centaines de grammes, voire quelques kilos en plus dans les pires des cas.

Pour mincir réellement et durablement, il faut ruser avec son corps... et avec son cerveau. Dans ce contexte, la Lune peut devenir une alliée de choix.

Et la Lune dans tout ça ?

Il faut tout d'abord garder en mémoire que la Lune agit sur tous les éléments, dont les liquides (eau, sang, lymphe...) qui composent le corps humain. Lorsque la Lune croît, l'envie de manger et de grignoter est plus forte. Il est alors important de surveiller son alimentation et d'éviter les excès de table. Mais lorsque la Lune décroît, l'élimination s'en trouve facilitée. C'est le moment de commencer des cures drainantes ou un régime minceur.

Pour bien démarrer une cure drainante ou un régime minceur, l'idéal est de le débuter en lune décroissante, juste après la pleine lune. Les effets s'amplifieront encore à partir du dernier quartier. Encore mieux : attendre la combinaison « magique » lune décroissante-lune descendante pour commencer.

Par contre, la lune croissante incite aux excès alimentaires et à la prise de poids. Faire attention aux grignotages et mieux contrôler l'apport calorique journalier est alors important.

Cycle d'assimilation, cycle d'élimination

Même si l'on est soucieux de son apparence, ce n'est pas une raison pour se priver de tous les petits plaisirs gourmands. La meilleure solution consiste à mettre en place un rythme doux pour (re)trouver son poids

idéal sans livrer une bataille aussi frustrante que perpétuelle.

Le bien-être alimentaire passe par des cycles qui permettent, d'une part, d'offrir à l'organisme les vitamines, minéraux, nutriments, etc., et donc l'énergie dont il a impérativement besoin, et d'autre part, de lui permettre de se purifier, de se détoxifier et de se nettoyer régulièrement. La connaissance des cycles lunaires permet justement d'apporter en douceur un bon équilibre alimentaire qui alterne les phases de « plaisirs gourmands » avec celles de « nettoyage » de l'organisme.

Le cycle d'assimilation (ou de « plaisirs gourmands ») correspond à la phase croissante de la lune. Bien entendu, cela n'implique pas de manger n'importe quoi en n'importe quelles quantités, mais c'est une période au cours de laquelle « il n'y a pas de mal à se faire du bien ». Et cela d'autant plus qu'en lune croissante, l'ensemble des organes d'assimilation (le foie, l'estomac...) fonctionnent à plein régime. Si c'est le bon moment pour stimuler l'organisme (notamment par un apport de vitamines naturelles), ce n'est par contre pas la bonne période pour entamer un régime minceur qui fatiguerait l'organisme plus que nécessaire.

Après la pleine lune commence le cycle d'élimination, en phase décroissante. C'est le moment de nettoyer l'organisme, car les organes d'élimination, notamment les reins, travaillent à plein régime.

Mon alimentation tout en rythme

Pendant la période croissante, de la nouvelle lune à la pleine lune, profitez du cycle d'assimilation. Entamez un cycle d'élimination pendant la phase décroissante, de la pleine lune à la nouvelle lune. Cette connaissance des cycles lunaires va vous permettre d'équilibrer votre alimentation tout en douceur, en alternant des phases de plaisir avec des phases plus calmes.

Ronde ou mince... comme la Lune

Les cures et régimes minceur débutent de préférence en lune décroissante, juste après la pleine lune. Leurs effets s'amplifieront soudainement à partir du dernier quartier. Si vous pouvez cumuler lune descendante et décroissante, c'est l'idéal !
En revanche, si l'on se rassasie plus facilement en lune croissante, on grossit aussi plus facilement. Il faut donc bien contrôler votre apport de calories et de nutriments indispensables.

Calendrier lunaire 2022

1 Date

2 Cycles lunaires

Lune décroissante

Lune croissante

Lune montante

Lune descendante

Pleine lune

Dernier quartier (lune décroissante)

Nouvelle lune

Premier quartier (lune croissante)

Événements lunaires

ND Nœud descendant

NA Nœud ascendant

A Apogée

P Périgée

3 Constellations du zodiaque dans lesquelles passe la lune

Soins de beauté et de santé à effectuer selon le cycle lunaire

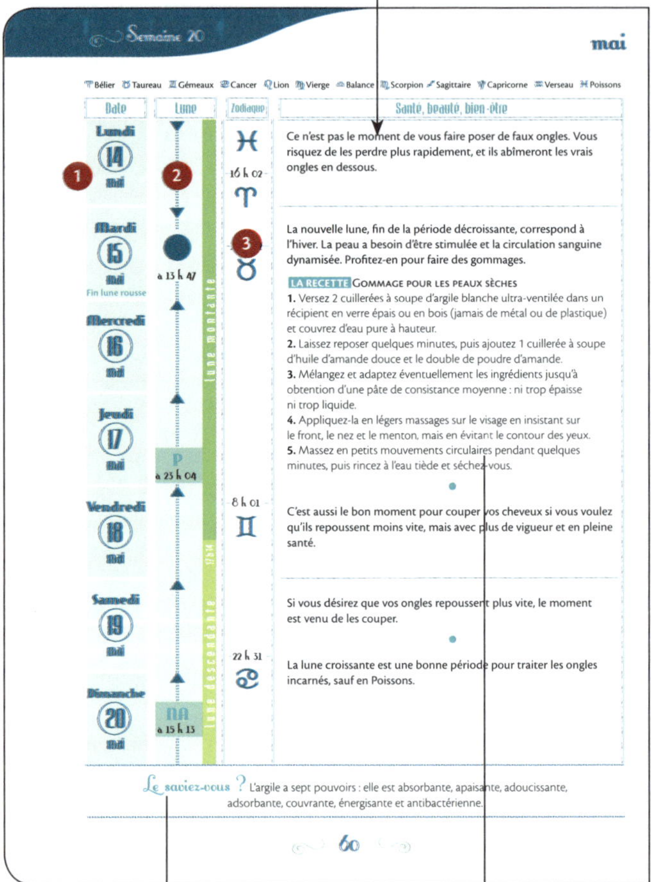
Semaine 20 — mai

Bélier, Taureau, Gémeaux, Cancer, Lion, Vierge, Balance, Scorpion, Sagittaire, Capricorne, Verseau, Poissons

Date	Lune	Zodiaque	Santé, beauté, bien-être
Lundi 14 mai		16 h 02	Ce n'est pas le moment de vous faire poser de faux ongles. Vous risquez de les perdre plus rapidement, et ils abîmeront les vrais ongles en dessous.
Mardi 15 mai (Fin lune rousse)	à 13 h 47		La nouvelle lune, fin de la période décroissante, correspond à l'hiver. La peau a besoin d'être stimulée et la circulation sanguine dynamisée. Profitez-en pour faire des gommages.
Mercredi 16 mai			LA RECETTE Gommage pour les peaux sèches 1. Versez 2 cuillerées à soupe d'argile blanche ultra-ventilée dans un récipient en verre épais ou en bois (jamais de métal ou de plastique) et couvrez d'eau pure à hauteur. 2. Laissez reposer quelques minutes, puis ajoutez 1 cuillerée à soupe d'huile d'amande douce et le double de poudre d'amande. 3. Mélangez et adaptez éventuellement les ingrédients jusqu'à obtention d'une pâte de consistance moyenne : ni trop épaisse ni trop liquide. 4. Appliquez-la en légers massages sur le visage en insistant sur le front, le nez et le menton, mais en évitant le contour des yeux. 5. Massez en petits mouvements circulaires pendant quelques minutes, puis rincez à l'eau tiède et séchez-vous.
Jeudi 17 mai	P à 23 h 04		
Vendredi 18 mai		8 h 01	C'est aussi le bon moment pour couper vos cheveux si vous voulez qu'ils repoussent moins vite, mais avec plus de vigueur et en pleine santé.
Samedi 19 mai		22 h 31	Si vous désirez que vos ongles repoussent plus vite, le moment est venu de les couper. La lune croissante est une bonne période pour traiter les ongles incarnés, sauf en Poissons.
Dimanche 20 mai	NA à 15 h 13		

lune montante / lune descendante

Le saviez-vous ? L'argile a sept pouvoirs : elle est absorbante, apaisante, adoucissante, adsorbante, couvrante, énergisante et antibactérienne.

60

L'info santé ou beauté de la semaine

La recette santé ou beauté, l'astuce ou l'info indispensable

Bélier Taureau Gémeaux Cancer Lion Vierge Balance

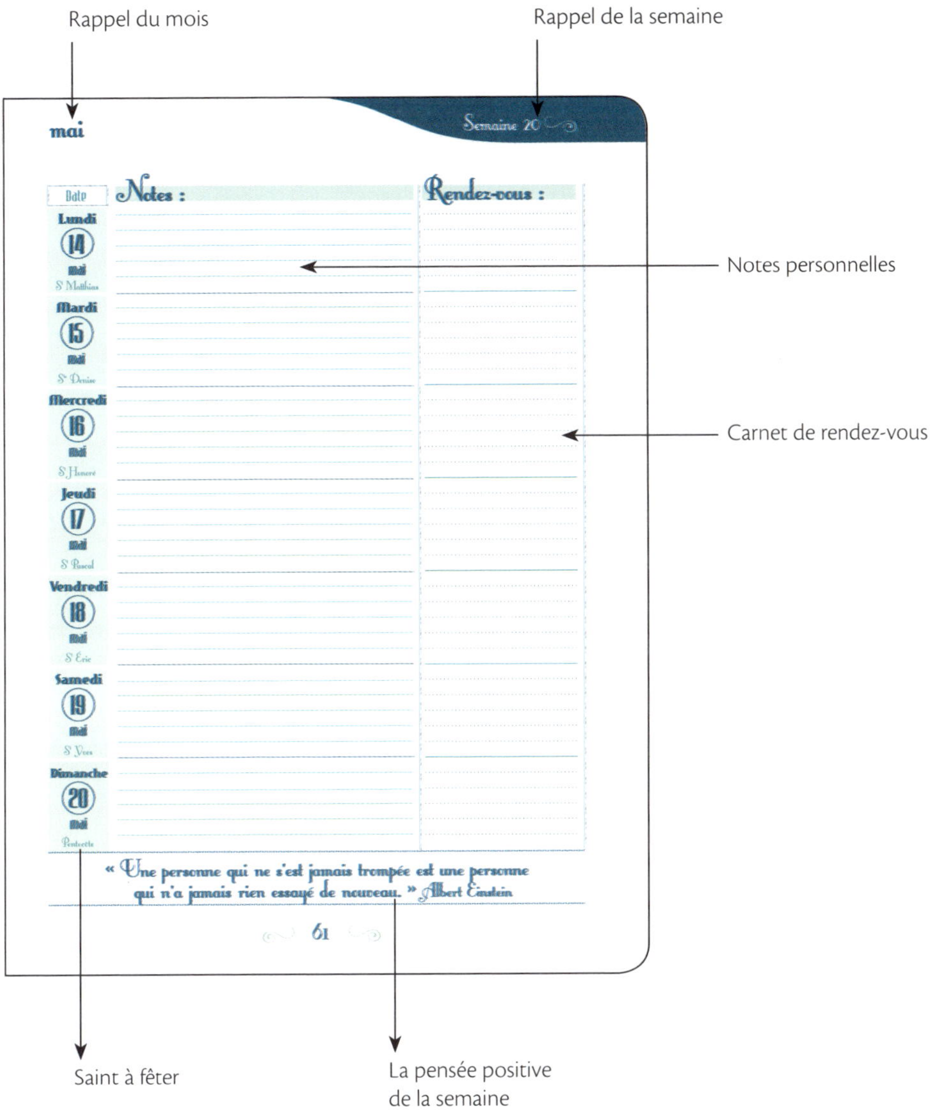
Rappel du mois
Rappel de la semaine
mai
Semaine 20
Date
Notes :
Rendez-vous :
Lundi 14 mai St Matthias
Mardi 15 mai Ste Denise
Mercredi 16 mai St Honoré
Jeudi 17 mai St Pascal
Vendredi 18 mai St Éric
Samedi 19 mai St Yves
Dimanche 20 mai Pentecôte
« Une personne qui ne s'est jamais trompée est une personne qui n'a jamais rien essayé de nouveau. » Albert Einstein
61
Notes personnelles
Carnet de rendez-vous
Saint à fêter
La pensée positive de la semaine

décembre / janvier

♈ Bélier ♉ Taureau ♊ Gémeaux ♋ Cancer ♌ Lion ♍ Vierge ♎ Balance ♏ Scorpion ♐ Sagittaire ♑ Capricorne ♒ Verseau ♓ Poissons

Date	Lune	Zodiaque
Lundi 27 décembre	◗ à 3 h 23 (lune descendante)	♍
Mardi 28 décembre	lune descendante	
Mercredi 29 décembre	lune descendante	10 h 46 ♎
Jeudi 30 décembre	lune descendante	
Vendredi 31 décembre	lune descendante	0 h 11 ♏
Samedi 1er janvier	P à 23 h 55 (lune descendante)	18 h 41 ♐
Dimanche 2 janvier	● à 19 h 33 (lune descendante jusqu'à 14 h 34, l. m.)	

Santé, beauté, bien-être

La combinaison de lune descendante et décroissante est idéale pour assainir les peaux grasses : les pores de la peau se resserrent plus rapidement. C'est donc le bon moment pour effectuer un masque à l'argile. Vous vous apercevrez rapidement que ce soin à l'argile fait des miracles pour les peaux grasses et se révèle un formidable masque anti-brillance.

LA RECETTE Masque à l'argile pour les peaux grasses

1. Versez trois cuillerées à soupe d'argile verte ultra-ventilée dans un récipient en verre épais ou en bois (ni plastique, ni métal).
2. Couvrez d'eau florale de menthe à hauteur. Laissez reposer ce mélange pendant quelques minutes avant d'incorporer une cuillerée à soupe d'huile de noisette et une cuillerée à café de jus de citron.
3. Mélangez bien jusqu'à obtention d'une pâte ni trop souple, ni trop collante (au besoin, ajoutez un peu d'eau pure).
4. Appliquez-la aussitôt sur le visage en une généreuse couche, mais en évitant le contour des yeux.
5. Laissez agir pendant quinze minutes, puis rincez à l'eau claire et séchez-vous.

•

En lune décroissante, les excès alimentaires font pencher la balance dans le mauvais sens, bien plus qu'en d'autres périodes. Soyez donc très attentifs ! Par contre, c'est une bonne période pour entamer un régime minceur qui sera alors très efficace pour vous débarrasser de quelques kilos superflus.

•

La lune descendante est une période d'apaisement des phénomènes inflammatoires, des congestions inconfortables et des sensations de chaleur.

En lune croissante, coupez-vous les ongles des pieds et des mains, si vous voulez qu'ils repoussent plus vite.

Le saviez-vous ? Les ongles cassants sont le signe de déséquilibres de l'organisme. Un manque de vitamines et/ou de minéraux peut causer ce problème inesthétique.

Date	Notes :	Rendez-vous :
Lundi 27 décembre St Jean		
Mardi 28 décembre Sts Innocents		
Mercredi 29 décembre St David		
Jeudi 30 décembre St Roger		
Vendredi 31 décembre St Sylvestre		
Samedi 1er janvier Jour de l'An		
Dimanche 2 janvier Epiphanie		

« Le plus beau voyage est celui qu'on n'a pas encore fait. »
Loïc Peyron

♈ Bélier ♉ Taureau ♊ Gémeaux ♋ Cancer ♌ Lion ♍ Vierge ♎ Balance ♏ Scorpion ♐ Sagittaire ♑ Capricorne ♒ Verseau ♓ Poissons

Date	Lune	Zodiaque
Lundi 3 janvier	▲ lune montante	♐ ··· 22 h 13 ···
Mardi 4 janvier	▲ lune montante	♑
Mercredi 5 janvier	▲ lune montante	··· 18 h 23 ··· ♒
Jeudi 6 janvier	▲ lune montante	
Vendredi 7 janvier	▲ lune montante	··· 1 h 30 ···
Samedi 8 janvier	▲ lune montante	♓
Dimanche 9 janvier	▲ lune montante ◗ à 19 h 11	

Santé, beauté, bien-être

En lune croissante, le niveau d'énergie est en hausse et l'humeur est positive. C'est donc le moment d'apprendre de nouvelles choses, de perdre de mauvaises habitudes, de démarrer un régime ou de mettre en route de nouveaux projets.

•

Sauf en cas d'urgence ou d'accident, la lune croissante est une période déconseillée pour la majorité des interventions chirurgicales.

•

Sauf lorsque la Lune se trouve en Poissons, c'est encore la bonne période pour traiter les ongles incarnés.

LA RECETTE Ongles incarnés : un soin naturel et efficace

1. Tout au long de la journée, faites tremper plusieurs fois par jour votre pied dans de l'eau chaude. Profitez de ce bain de pied pendant quelques minutes, puis séchez-vous.
2. Massez doucement la zone incarnée avec un peu d'huile d'amande ou d'huile d'olive. Si la zone est infectée, ajoutez une goutte d'huile essentielle d'arbre à thé, qui a des propriétés antibiotiques.
3. Prenez un morceau de fil dentaire ou de coton, humidifiez-le et essayez de le glisser délicatement sous l'ongle incarné.
4. Quand la zone est ramollie après avoir refait le processus, répétez les étapes 1 à 3 avant de couper votre ongle avec un coupe-ongles propre.
5. Coupez l'ongle tout droit en lui donnant une forme carrée.

BON À SAVOIR Ongles incarnés

Vous soufrez d'un ongle incarné si la peau qui entoure l'ongle est douloureuse quand vous la touchez, si elle est rouge et enflammée. Les ongles incarnés sont généralement provoqués par un ongle mal coupé, des chaussures mal adaptées ou, tout simplement, par une déformation des orteils.

•

La lune montante est l'idéale pour appliquer les huiles, lotions et crèmes sur la peau. C'est pendant cette période qu'elles pénétreront le mieux l'épiderme.

Le saviez-vous ? Ce n'est pas le moment de faire un régime car la lune croissante favorise la prise de poids.

Date	Notes :	Rendez-vous :
Lundi 3 janvier Ste Geneviève		
Mardi 4 janvier St Odilon		
Mercredi 5 janvier St Edouard		
Jeudi 6 janvier Ste Mélaine		
Vendredi 7 janvier St Raymond		
Samedi 8 janvier St Lucien		
Dimanche 9 janvier Ste Alix		

« En élargissant ma façon de penser, je dépasse mes limites. »

♈ Bélier ♉ Taureau ♊ Gémeaux ♋ Cancer ♌ Lion ♍ Vierge ♎ Balance ♏ Scorpion ♐ Sagittaire ♑ Capricorne ♒ Verseau ♓ Poissons

Date	Lune	Zodiaque
Lundi 10 janvier	lune montante	♓ 23 h 23
Mardi 11 janvier	lune montante	♈
Mercredi 12 janvier	lune montante	15 h 01 ♉
Jeudi 13 janvier	NA à 5 h 18 – lune montante	
Vendredi 14 janvier	A à 10 h 25 – lune montante	
Samedi 15 janvier	lune montante	18 h 08 ♊
Dimanche 16 janvier	lune montante 11h18 l. d.	

Santé, beauté, bien-être

La lune croissante est un excellent moment pour déménager (aussi bien pour les êtres humains que pour les animaux), sauf lorsque l'astre se trouve en Lion ou en Cancer.
Si vous déménagez pendant cette période propice, la phase d'accoutumance au nouveau lieu de vie sera brève. Créer de nouveaux contacts posera rarement de véritables problèmes.
Les bébés ne seront pas nerveux et leurs nuits seront paisibles. C'est particulièrement important pour les enfants qui devront s'habituer à un nouvel environnement, à de nouveaux voisins et à une nouvelle école. Les animaux domestiques auront moins tendance à s'enfuir.
Par contre, si vous choisissez le mauvais moment pour déménager (en lune décroissante), une atmosphère de grande nervosité règnera. Les jeunes enfants seront plus perturbés avec même parfois certaines réactions allergiques. Les personnes âgées pourraient parfois ne pas s'habituer au changement. Les animaux domestiques, et en particulier les chats, essaieront de rejoindre leur ancien lieu de vie.

C'est le bon moment pour vous couper les cheveux si vous voulez qu'ils repoussent moins vite, mais avec plus de vigueur et en pleine santé.

Le saviez-vous ? La lune est le symbole de la vie intérieure, profonde, cachée. Elle est associée à l'inconscient et à l'aspect féminin.

Date	Notes :	Rendez-vous :
Lundi 10 janvier St Guillaume		
Mardi 11 janvier Ste Pauline		
Mercredi 12 janvier Ste Tatiana		
Jeudi 13 janvier Ste Yvette		
Vendredi 14 janvier Ste Nina		
Samedi 15 janvier St Rémi		
Dimanche 16 janvier St Marcel		

« J'ai décidé d'être heureux, parce que c'est bon pour la santé. »
Voltaire

♈ Bélier ♉ Taureau ♊ Gémeaux ♋ Cancer ♌ Lion ♍ Vierge ♎ Balance ♏ Scorpion ♐ Sagittaire ♑ Capricorne ♒ Verseau ♓ Poissons

Date	Lune	Zodiaque
Lundi 17 janvier		♊
Mardi 18 janvier	Pleine lune à 0 h 48	0 h 05 ♋
Mercredi 19 janvier	lune descendante	13 h 45 ♌
Jeudi 20 janvier	lune descendante	
Vendredi 21 janvier	lune descendante	
Samedi 22 janvier		8 h 34 ♍
Dimanche 23 janvier		

Santé, beauté, bien-être

La lune croissante est une bonne période pour stimuler l'organisme. C'est donc le moment pour prendre des compléments phytothérapeutiques, des oligoéléments et des vitamines naturelles.

Il y a pleine lune ce mardi 18 janvier. C'est le moment de faire un bilan et de vérifier si ce que vous avez entrepris précédemment fonctionne. La pleine lune est la période la plus lumineuse de notre cycle : elle est idéale pour concrétiser certaines envies ou prévoir de nouveaux plans. L'énergie pour le faire n'est pas ce qui manque.

Attention cependant, pendant la pleine lune, les sentiments sont plus forts que la raison. Ce n'est donc pas le moment de prendre les décisions les plus importantes !

La lune décroissante est une période favorable à une bonne cicatrisation. Cicatrisation qui sera plus rapide et plus efficace qu'en d'autres périodes.

Profitez de la lune décroissante pour engranger un maximum de bienfaits d'une séance de sauna ou de hammam. Nettoyez votre peau en profondeur grâce à un bon peeling.

LA RECETTE Gommage pour tous types de peau

Un petit traitement tout simple pour stimuler la circulation sanguine et éliminer les peaux mortes.

1. Dans un bol, versez une cuillerée à soupe d'huile d'olive vierge extra et trois cuillerées de gros sel. Mélangez soigneusement.

2. En effectuant des petits mouvements rotatifs, massez-vous le visage avec cette préparation.

3. Rincez-vous à l'eau claire.

La lune décroissante est aussi le bon moment pour s'attaquer aux durillons et aux verrues.

Le saviez-vous ? Lune décroissante, on élimine !

Date	Notes :	Rendez-vous :
Lundi 17 janvier Ste Roseline		
Mardi 18 janvier Ste Prisca		
Mercredi 19 janvier St Marius		
Jeudi 20 janvier St Sébastien		
Vendredi 21 janvier Ste Agnès		
Samedi 22 janvier St Vincent		
Dimanche 23 janvier St Barnard		

« Il faut viser la lune, parce qu'au moins si vous échouez, vous finissez dans les étoiles. » Oscar Wilde

♈ Bélier ♉ Taureau ♊ Gémeaux ♋ Cancer ♌ Lion ♍ Vierge ♎ Balance ♏ Scorpion ♐ Sagittaire ♑ Capricorne ♒ Verseau ♓ Poissons

Date	Lune	Zodiaque
Lundi 24 janvier	lune descendante	♍
Mardi 25 janvier	Premier quartier à 14 h 40	17 h 59 ♎
Mercredi 26 janvier		
Jeudi 27 janvier	ND à 7 h 14	9 h 50 ♏
Vendredi 28 janvier		
Samedi 29 janvier	lune descendante jusqu'à 0h22	4 h 39 ♐
Dimanche 30 janvier	lune mont. P à 8 h 10	

Santé, beauté, bien-être

Profitez de la lune descendante et décroissante pour vous faire un masque capillaire fortifiant.

LA RECETTE Masque pour cheveux gras

1. Mélangez deux cuillerées à soupe d'huile d'olive, quatre cuillerées à soupe de poudre d'argile et deux gouttes d'huile essentielle de thym.

2. Appliquez bien uniformément, mèche par mèche, en partant des racines pour aller jusqu'aux pointes.

3. Laissez agir pendant vingt minutes avant de faire un shampoing doux.

C'est une bonne période pour entamer des activités douces telles que la méditation, le yoga ou la relaxation.

L'ASTUCE SANTÉ Comment méditer ?

Deux techniques faciles à mettre en pratique : le mantra et la conscience du souffle.

1. Le mantra est une technique qui consiste à se répéter, dans la tête, la même phrase pendant vingt minutes. Votre mental étant « occupé », il n'y a donc plus de place pour autre chose et le calme va s'installer en vous. N'essayez pas de lutter contre une pensée parasite si elle arrive, mais laissez-la passer et revenez ensuite au mantra. Comme mantra, choisissez un mot que vous aimez, facile à prononcer et qui comporte deux à trois syllabes. Après vingt minutes, ouvrez doucement les yeux et reprenez conscience de votre environnement.

2. Le souffle, c'est la vie. Prendre conscience de sa respiration est un atout essentiel pour se sentir en vie. Installez-vous confortablement pendant quelques minutes en fermant les yeux. Prenez conscience de l'air qui entre par le nez, qui descend dans les poumons, nourrit toutes les cellules, puis ressort en une vague continue. Respirez doucement mais profondément : vous êtes calme et votre corps se détend de plus en plus. Après quelques minutes, vous pouvez rouvrir les yeux.

C'est une bonne période pour mettre en œuvre les projets qui ont été décidés au cours de la nouvelle lune. La nouvelle lune est idéale pour établir un bilan, choisir de nouvelles voies, changer certaines habitudes et agir autrement. C'est donc le moment de prendre des bonnes résolutions.

Le saviez-vous ? La Lune décroit et se dégonfle. C'est un excellent moment pour se détendre, se relaxer et s'occuper de soi.

Date	Notes :	Rendez-vous :
Lundi 24 janvier S^t Fr. de Sales		
Mardi 25 janvier Conv. St Paul		
Mercredi 26 janvier Ste Paule		
Jeudi 27 janvier Ste Angèle		
Vendredi 28 janvier St Thomas d'Aquin		
Samedi 29 janvier St Gildas		
Dimanche 30 janvier Ste Martine		

« Chaque fois qu'un homme sourit, il ajoute quelque chose à la durée de sa vie. » *Laurence Sterne*

♈ Bélier ♉ Taureau ♊ Gémeaux ♋ Cancer ♌ Lion ♍ Vierge ♎ Balance ♏ Scorpion ♐ Sagittaire ♑ Capricorne ♒ Verseau ♓ Poissons

Date	Lune	Zodiaque	Santé, beauté, bien-être
Lundi 31 janvier	▼	9 h 11 ♑	
Mardi 1er février	● à 6 h 45		
Mercredi 2 février	▲	5 h 16 ♒	
Jeudi 3 février	▲		
Vendredi 4 février	▲	11 h 19 ♓	
Samedi 5 février	▲		
Dimanche 6 février	▲		

lune montante

Si la lune décroissante est déconseillée pour les teintures des cheveux, elle est par contre idéale pour la majorité des soins capillaires. Ils agissent en profondeur, jusqu'aux racines. Ils n'en sont donc que plus efficaces : c'est maintenant qu'il faut appliquer des masques capillaires et des traitements antipelliculaires.

LE REMÈDE Remède antipelliculaire

1. Pour faire disparaître provisoirement vos pellicules en réduisant leur densité, diluez une dose de vinaigre dans deux doses d'eau.

2. Frictionnez énergiquement votre cuir chevelu avec cette préparation.

Pendant la lune croissante, faites-vous plaisir avec des massages tonifiants. Le système veineux, lymphatique et circulatoire est particulièrement en éveil : les massages en seront donc d'autant plus efficaces.

L'ASTUCE SANTÉ Le drainage lymphatique

1. Le drainage lymphatique est une technique douce de massage destinée à stimuler la circulation de la lymphe, à détoxiquer l'organisme et à renforcer le système immunitaire. Il s'effectue avec les doigts et la paume des mains sur l'ensemble du corps, en suivant le sens de la circulation lymphatique et en variant la pression.

2. Après le massage, buvez beaucoup d'eau claire : les vaisseaux lymphatiques en ont besoin pour effectuer leur travail d'acheminement.

3. Le drainage lymphatique vous fera un bien fou : vous vous détendrez pendant que votre organisme se désintoxiquera. Vous ressentirez ensuite une agréable sensation de légèreté.

En lune croissante, le niveau d'énergie est en hausse et l'humeur est positive ! C'est le moment d'apprendre de nouvelles choses, de mettre en route de nouveaux projets, de prendre de nouvelles résolutions, de démarrer un régime ou de perdre de mauvaises habitudes.

Le saviez-vous ? Les massages se font énergétiques en lune croissante et relaxants en lune décroissante.

Date	Notes :	Rendez-vous :
Lundi 31 janvier Ste Marcelle		
Mardi 1er février Ste Ella		
Mercredi 2 février Présentation		
Jeudi 3 février St Blaise		
Vendredi 4 février Ste Véronique		
Samedi 5 février Ste Agathe		
Dimanche 6 février St Gaston		

« Ce n'est pas parce que les choses sont difficiles que nous n'osons pas, c'est parce que nous n'osons pas qu'elles sont difficiles. » Sénèque

♈ Bélier ♉ Taureau ♊ Gémeaux ♋ Cancer ♌ Lion ♍ Vierge ♎ Balance ♏ Scorpion ♐ Sagittaire ♑ Capricorne ♒ Verseau ♓ Poissons

Date	Lune	Zodiaque
Lundi 7 février	▲	- 6 h 13 - ♈
Mardi 8 février	▲ ☽ à 14 h 50	- 22 h 33 - ♉
Mercredi 9 février	▲ NA à 7 h 11	
Jeudi 10 février	▲	
Vendredi 11 février	▲ A à 3 h 37	
Samedi 12 février	▲	- 1 h 25 - ♊
Dimanche 13 février	▲	

lune montante

17 h 45

lune descendante

Santé, beauté, bien-être

La lune croissante n'engage pas à l'immobilisme, c'est une excellente période pour agir. C'est le moment de mettre en œuvre les projets décidés lors de la nouvelle lune.

Il faut encore savoir que la lune croissante est parfaite pour pratiquer des massages tonifiants ou pour essayer d'arrêter de fumer. C'est également le bon moment pour se faire vacciner, surtout à l'approche de la nouvelle lune, afin de limiter les risques d'effets secondaires indésirables.

L'ASTUCE SANTÉ CINQ ASTUCES NATURELLES POUR ARRÊTER DE FUMER

1. Mâchez des feuilles de menthe ou mâchouillez des bâtons de réglisse.
2. Privilégiez des bains chauds et relaxants grâce à l'adjonction d'huile essentielle de lavande, de jasmin ou de camomille.
3. Buvez des tisanes de plantes aux vertus relaxantes et sédatives, comme celles à la mélisse, à la passiflore…
4. Respirez de l'huile essentielle de verveine ou de menthe poivrée à même le flacon.
5. Profitez de l'homéopathie pour vous apporter une aide.

C'est le moment de penser à vos cheveux ! La lune croissante est parfaite pour faire des masques pour cheveux gras car le sébum est moins stimulé. En lune descendante, songez à vos teintures car la coloration tiendra mieux et durera plus longtemps.

Le saviez-vous ? En lune croissante, l'organisme reprend des forces.

Date	Notes :	Rendez-vous :
Lundi 7 février Ste Eugénie		
Mardi 8 février Ste Jacqueline		
Mercredi 9 février Ste Apolline		
Jeudi 10 février St Arnaud		
Vendredi 11 février N.-D. de Lourdes		
Samedi 12 février St Félix		
Dimanche 13 février Ste Béatrice		

« L'imagination est plus importante que le savoir. » Albert Einstein

♈ Bélier ♉ Taureau ♊ Gémeaux ♋ Cancer ♌ Lion ♍ Vierge ♎ Balance ♏ Scorpion ♐ Sagittaire ♑ Capricorne ♒ Verseau ♓ Poissons

Date	Lune	Zodiaque	Santé, beauté, bien-être
Lundi 14 février	lune descendante	7 h 19 ♋	La période est excellente pour penser à teindre les cheveux : la coloration tiendra mieux et durera plus longtemps. C'est encore plus marqué à l'approche de la pleine lune car les colorations sont alors plus régulières et les cheveux clairs s'éclaircissent encore.
Mardi 15 février		20 h 45 ♌	La lune croissante est une bonne période pour stimuler l'organisme. C'est donc le moment pour prendre des compléments phytothérapeutiques, des oligoéléments et des vitamines naturelles.
Mercredi 16 février	○ à 17 h 56		
Jeudi 17 février			La lune décroissante est une excellente période pour soigner les cheveux secs au moyen de masques nourrissants et de bains d'huile. En effet, les masques capillaires sont particulièrement efficaces pendant cette période. Les cheveux secs et cassants sont toujours le signe d'un vieillissement prématuré de la chevelure et d'une perte de l'élasticité de la kératine. Ils peuvent être causés par divers facteurs qui, parfois peuvent se conjuguer : trop longue exposition au soleil et aux bains de mer, abus de traitements cosmétiques (colorations, permanentes…), pollution de l'air, utilisation de détergents agressifs contenus dans la plupart des shampoings industriels… Victimes de ces attaques, les glandes sébacées s'atrophient et empêchent le flux normal de sébum dans le follicule pilo-sébacé. Les cheveux ne sont donc plus protégés contre la pollution atmosphérique, ou encore les produits chimiques (shampoings, colorations…) entre autres.
Vendredi 18 février		14 h 43 ♍	
Samedi 19 février			
Dimanche 20 février			

Le saviez-vous ? Il est possible de fabriquer soi-même des cosmétiques naturels, sains et efficaces.

Date	Notes :	Rendez-vous :
Lundi 14 février St Valentin		
Mardi 15 février St Claude		
Mercredi 16 février Ste Julienne		
Jeudi 17 février St Alexis		
Vendredi 18 février Ste Bernadette		
Samedi 19 février St Gabin		
Dimanche 20 février Ste Aimée		

« L'échec est seulement l'opportunité de recommencer d'une façon plus intelligente. » Henry Ford

♈ Bélier ♉ Taureau ♊ Gémeaux ♋ Cancer ♌ Lion ♍ Vierge ♎ Balance ♏ Scorpion ♐ Sagittaire ♑ Capricorne ♒ Verseau ♓ Poissons

Date	Lune	Zodiaque
Lundi 21 février	lune descendante	♍ – 23 h 33 – ♎
Mardi 22 février	lune descendante	♎
Mercredi 23 février	ND à 7 h 54; ◐ à 23 h 32; lune descendante	– 14 h 19 – ♏
Jeudi 24 février	lune descendante	♏
Vendredi 25 février	lune descendante	– 11 h 48 – ♐
Samedi 26 février	7 h 32 lune montante; P à 23 h 25	♐
Dimanche 27 février	lune montante	– 18 h 00 – ♑

Santé, beauté, bien-être

La lune décroissante est un excellent moment pour faire un peeling. En respectant cette très bonne période, vous éliminerez beaucoup plus facilement les cellules mortes. La peau a un aspect tout à la fois propre et souple. Véritable lissage de surface, le peeling a aussi un très bon effet sur les pores qui vont se resserrer et permettre une meilleure pénétration des crèmes hydratantes.

•

La peau du visage est soumise à un grand nombre d'agressions : l'exposition aux rayons solaires, la pollution, l'humidité, le froid, l'application de produits cosmétologiques industriels… Elle doit donc être régulièrement nettoyée et purifiée en profondeur. Appliquer des produits de la cosmétologie industrielle, qui intègrent de nombreux composants chimiques parfois douteux ou dangereux, n'est jamais une bonne solution. Il est préférable de privilégier des préparations « maison », à base d'ingrédients naturels. Parmi ceux-ci, on peut mentionner le bicarbonate de soude qui vous permet de réaliser un peeling « maison ».

LA RECETTE Peeling au bicarbonate

1. Mélangez intimement une cuillerée à soupe de lait à trois cuillerées à soupe de bicarbonate de soude.
2. Sur le visage démaquillé et lavé, appliquez la pâte ainsi obtenue en massant sans trop appuyer et en effectuant des petits mouvements circulaires, mais en évitant soigneusement les yeux et leur contour. Si par accident, vous aviez du bicarbonate dans les yeux, rincez-les aussitôt généreusement à l'eau claire.
3. Rincez-vous ensuite soigneusement à l'eau froide et séchez-vous.
4. Le lait peut éventuellement être remplacé par de l'eau dans les mêmes proportions.

En lune montante, hydratez votre peau surtout si elle est sèche ou très sensible.

LA RECETTE Lotion pour peau sèche

1. Remplissez à moitié un flacon de beurre de coco. Ajoutez dix gouttes d'huile essentielle de patchouli et la même quantité d'huile essentielle de lavande.
2. Finissez de remplir le flacon avec du beurre de coco, jusqu'à concurrence de 6 cl de lotion au beurre de coco.
3. Mélangez et fermez hermétiquement.

Le saviez-vous ? Dans notre corps, à l'état naturel, le bicarbonate assure la bonne régulation du taux de pH sanguin et maintient des concentrations normales d'acide.

Date	Notes :	Rendez-vous :
Lundi 21 février St P. Damien		
Mardi 22 février Ste Isabelle		
Mercredi 23 février St Lazare		
Jeudi 24 février St Modeste		
Vendredi 25 février St Roméo		
Samedi 26 février St Nestor		
Dimanche 27 février Ste Honorine		

« Les grandes réalisations sont toujours précédées par des grandes pensées. »
Steve Jobs

♈ Bélier ♉ Taureau ♊ Gémeaux ♋ Cancer ♌ Lion ♍ Vierge ♎ Balance ♏ Scorpion ♐ Sagittaire ♑ Capricorne ♒ Verseau ♓ Poissons

Date	Lune	Zodiaque
Lundi 28 février	▼	♑
Mardi 1er mars	▼	15 h 05 ♒
Mercredi 2 mars	● à 18 h 34	
Jeudi 3 mars	▲	
Vendredi 4 mars	▲	21 h 23 ♓
Samedi 5 mars	▲	
Dimanche 6 mars	▲	14 h 12 ♈

lune montante

Santé, beauté, bien-être

En lune décroissante, vous pouvez éliminer les durillons et les cors.

LA RECETTE Sus aux cors aux pieds

Un traitement naturel qui s'attaque aux cors aux pieds, mais également aux durillons.

1. Mélangez, jusqu'à obtention d'une pâte, 15 ml d'eau, 15 ml de jus de citron et 6 comprimés d'aspirine effervescente.

2. Appliquez cette pâte sur les cors aux pieds et emballez votre pied dans un film plastique, puis dans une serviette chaude.

3. Laissez agir une vingtaine de minutes, déballez et frottez le cor avec une pierre ponce.

En lune croissante, coupez-vous les ongles des mains et des pieds si vous voulez qu'ils repoussent plus vite.

•

C'est aussi une période idéale pour stimuler votre organisme. Profitez des bienfaits des vitamines naturelles (elles seront parfaitement assimilées), des oligoéléments et des compléments phytothérapeutiques.

•

La lune croissante n'engage pas à l'immobilisme, c'est une excellente période pour agir. C'est le moment de mettre en œuvre les projets décidés lors de la nouvelle lune.

•

Il faut encore savoir que la lune croissante est parfaite pour pratiquer des massages tonifiants ou pour essayer d'arrêter de fumer.

•

C'est le moment d'appliquer crèmes, lotions, huiles et autres préparations sur la peau. C'est en lune montante qu'elles pénètrent le mieux l'épiderme.

Le saviez-vous ? Agissez en lune croissante et allégez-vous en lune décroissante.

Date	Notes :	Rendez-vous :
Lundi 28 février St Romain		
Mardi 1er mars Mardi gras		
Mercredi 2 mars Cendres		
Jeudi 3 mars St Guénolé		
Vendredi 4 mars St Casimir		
Samedi 5 mars Ste Olive		
Dimanche 6 mars Ste Colette		

« Pour ce qui est de l'avenir, il ne s'agit pas de le prévoir mais de le rendre possible. » Antoine de Saint-Exupéry

♈ Bélier ♉ Taureau ♊ Gémeaux ♋ Cancer ♌ Lion ♍ Vierge ♎ Balance ♏ Scorpion ♐ Sagittaire ♑ Capricorne ♒ Verseau ♓ Poissons

Date	Lune	Zodiaque
Lundi 7 mars	lune montante	♈
Mardi 8 mars	NA à 9 h 20	7 h 04 ♉
Mercredi 9 mars		
Jeudi 10 mars	☽ à 11 h 45	
Vendredi 11 mars	A à 0 h 03	9 h 23 ♊
Samedi 12 mars	1h13 lune descendante	
Dimanche 13 mars		15 h 27 ♋

Santé, beauté, bien-être

La période est bonne pour prendre du silicium. Seule sa forme végétale ou organique est assimilable par l'organisme.

L'INFO SANTÉ SILICIUM, LES DANGERS D'UNE CARENCE

1. Avec l'âge, les réserves de silicium de l'organisme ont tendance à diminuer. Parfois de manière inquiétante.

2. Comme souvent, l'alimentation moderne et industrielle aggrave les choses. Du fait notamment des techniques utilisées par les industriels de l'agroalimentaire et par l'agriculture conventionnelle, nous ne consommons pas assez d'aliments riches en silicium : eau de source, fruits et légumes de qualité, enveloppe des céréales…

3. Or, le silicium est indispensable à la biosynthèse de nombreuses molécules (élastine, collagène…) essentielles au système immunitaire, à la peau, aux os et aux cartilages.

4. Le silicium est aussi un outil clé pour lutter naturellement contre le vieillissement.

5. La carence en silicium peut avoir des conséquences sérieuses sur la santé. Les lésions sportives chroniques, les infections intestinales, les lombalgies, l'ostéoporose, l'arthrite, l'arthrose… sont au moins partiellement le résultat d'une carence en silicium.

C'est le moment de penser à vos cheveux ! La lune croissante est parfaite pour faire des masques pour cheveux gras car le sébum est moins stimulé. En lune descendante, c'est le moment de songer à vos teintures car la coloration tiendra mieux et durera plus longtemps.

Ne pas oublier : En lune croissante, l'organisme reprend des forces. Les convalescences s'accélèrent à partir du premier quartier.

Date	Notes :	Rendez-vous :
Lundi 7 mars Ste Félicité		
Mardi 8 mars St Jean de Dieu		
Mercredi 9 mars Ste Françoise		
Jeudi 10 mars St Vivien		
Vendredi 11 mars Ste Rosine		
Samedi 12 mars Ste Justine		
Dimanche 13 mars St Rodrigue		

« Le plus grand plaisir de la vie est de réaliser ce que les autres vous pensent incapable de réaliser. » Walter Bagehot

♈ Bélier ♉ Taureau ♊ Gémeaux ♋ Cancer ♌ Lion ♍ Vierge ♎ Balance ♏ Scorpion ♐ Sagittaire ♑ Capricorne ♒ Verseau ♓ Poissons

Date	Lune	Zodiaque	Santé, beauté, bien-être
Lundi 14 mars	lune descendante	♋	La lune descendante est idéale pour soigner la peau malmenée par les produits cosmétiques agressifs, la pollution ambiante et les éléments météorologiques (le vent, la pluie, le froid…). C'est le moment de lui redonner de la douceur, de lui faire retrouver tout son éclat et de retrouver un vrai confort. Peelings et nettoyages en profondeur de la peau seront efficaces.
Mardi 15 mars	lune descendante	5 h 01 ♌	En lune croissante, il faut traiter la peau en profondeur : la circulation sanguine de la peau est optimale. Celle-ci est plus souple, moins sensible aux rougeurs et autres tiraillements. Appliquez les traitements nourrissants de la peau : argile, concoctions d'algues marines…
Mercredi 16 mars	lune descendante		La lune croissante est une bonne période pour stimuler l'organisme grâce à la prise de vitamines naturelles bien assimilées, d'oligoéléments ou de complexes phytothérapeutiques.
Jeudi 17 mars	lune descendante	22 h 35	
Vendredi 18 mars	○ à 8 h 17	♍	Les jours de pleine lune, il y a de l'électricité dans l'air ! Mais les tensions et les tendances à la mauvaise humeur généralisée se ressentent aussi en lune descendante. Pendant ces périodes, les conjoints, les enfants, les collègues de travail, les professeurs… sont plus facilement irritables. Pour ne pas vous laisser prendre par la morosité ambiante, buvez des tisanes d'aubépine. Évitez aussi de prendre des décisions importantes.
Samedi 19 mars	lune descendante		Au moment de la pleine lune, les insomnies se font plus fréquentes. Dans la journée, fatiguez votre corps en pratiquant plus d'exercices physiques.
Dimanche 20 mars Équinoxe	lune descendante		En lune décroissante, si vous mangez moins que d'habitude, vous profiterez du processus de purge car les réserves corporelles s'épuisent.

Le saviez-vous ? L'état de la peau, des cheveux et des ongles est un excellent indicateur de votre état de santé général.

Date	Notes :	Rendez-vous :
Lundi 14 mars Ste Mathilde		
Mardi 15 mars Ste Louise		
Mercredi 16 mars Ste Bénédicte		
Jeudi 17 mars St Patrice		
Vendredi 18 mars St Cyrille		
Samedi 19 mars St Joseph		
Dimanche 20 mars Printemps		

« Faites que le rêve dévore votre vie afin que la vie ne dévore pas votre rêve. » Antoine de Saint-Exupéry

♈ Bélier ♉ Taureau ♊ Gémeaux ♋ Cancer ♌ Lion ♍ Vierge ♎ Balance ♏ Scorpion ♐ Sagittaire ♑ Capricorne ♒ Verseau ♓ Poissons

Date	Lune		Zodiaque
Lundi 21 mars		lune descendante	5 h 49 ♎
Mardi 22 mars	ND à 9 h 11	lune descendante	19 h 03 ♏
Mercredi 23 mars		lune descendante	
Jeudi 24 mars	P à 0 h 37	lune descendante	17 h 13 ♐
Vendredi 25 mars	◗ à 6 h 37	12 h 52	
Samedi 26 mars		lune montante	
Dimanche 27 mars		lune montante	0 h 13 ♑

Santé, beauté, bien-être

La lune décroissante est une excellente période pour entamer une cure afin d'éliminer les toxines des reins et du foie. N'hésitez pas à prendre des tisanes diurétiques à base de romarin, de pissenlit, de bouleau ou d'ortie. C'est aussi le bon moment pour perdre du poids. Commencez juste après la pleine lune. Les effets s'amplifieront soudainement après le dernier quartier.

LA RECETTE INFUSION DE ROMARIN

1. Pour désengorger le foie, préparez chaque matin une infusion de romarin.
2. Ajoutez une goutte d'huile essentielle de citron dans une cuillerée à café de miel de romarin. Mélangez ce miel aromatisé à l'infusion.
3. À essayer dès que vous avez le teint gris ou que vous vous sentez un peu barbouillé.

•

Pour les soigner, appliquez du suc de sureau, de figuier ou de chélidoine sur les verrues. Idéalement, vous ferez cette application le lendemain de la pleine lune.

•

En lune décroissante, si vous mangez moins que d'habitude, vous profiterez du processus de purge car les réserves corporelles s'épuisent.

Période quelque peu délicate que la lune décroissante ! Ce n'est pas le moment de faire de l'exercice physique (car l'organisme est plus fatigué), de prendre des vitamines, des minéraux ou des préparations à base de fer.

•

Vous pouvez couper vos ongles s'ils sont fragiles ou cassants. Ils repousseront moins vite qu'en d'autres périodes.

•

La lune décroissante est encore déconseillée si vous voulez vous teindre les cheveux, mais elle est par contre conseillée pour les épilations : les poils repoussent moins vite.

Le saviez-vous ? La lune montante est la période de prise de poids. À l'inverse, la lune descendante est celle de la perte de poids.

Date	Notes :	Rendez-vous :
Lundi 21 mars Ste Clémence		
Mardi 22 mars Ste Léa		
Mercredi 23 mars St Victorien		
Jeudi 24 mars Ste Cath. de Suè.		
Vendredi 25 mars Annonciation		
Samedi 26 mars Ste Larissa		
Dimanche 27 mars St Habib		

« Prenez en charge vos pensées. Vous pouvez en faire ce que vous voulez. »

♈ Bélier ♉ Taureau ♊ Gémeaux ♋ Cancer ♌ Lion ♍ Vierge ♎ Balance ♏ Scorpion ♐ Sagittaire ♑ Capricorne ♒ Verseau ♓ Poissons

Date	Lune	Zodiaque
Lundi 28 mars	lune montante	♑
Mardi 29 mars	lune montante	23 h 29 ♒
Mercredi 30 mars	lune montante	
Jeudi 31 mars	lune montante	6 h 58 ♓
Vendredi 1er avril	nouvelle lune à 8 h 24	
Samedi 2 avril		
Dimanche 3 avril		23 h 31 ♈

Santé, beauté, bien-être

La lune décroissante est un excellent moment pour faire un peeling. C'est peut-être même le meilleur moment ! En respectant cette période favorable, vous éliminerez facilement un maximum de cellules mortes et le peeling ne provoquera pas d'irritation inutile, ce qui est un avantage de plus. Après le peeling, la peau aura un aspect souple et propre. Véritable lissage de surface, le peeling a aussi un très bon effet sur les pores, qui vont se resserrer et augmenter la pénétration des crèmes hydratantes.

LE REMÈDE PEELING AU CITRON

1. Si vous avez la peau rugueuse, prenez une bonne habitude. Chaque jour, après votre douche matinale, frottez les parties les plus rugueuses de votre corps (comme les coudes, par exemple) avec le côté pulpe d'un demi-citron jaune.

2. C'est une excellente méthode, naturelle, pour retrouver toute la douceur de votre peau.

Attention aux interventions chirurgicales ou dentaires : la lune croissante est une période déconseillée pour ces traitements. Évitez donc les opérations de la tête, des yeux, des oreilles, du cou, de la nuque, de la mâchoire (inférieure ou supérieure), des amygdales, du cœur, de la poitrine, des poumons, du système digestif, des hanches, des reins, de la vessie, des organes génitaux, des cuisses, des os, des genoux, de la colonne vertébrale, des jambes, de la peau, des pieds et des orteils.

Évitez aussi en lune croissante la plupart des soins dentaires, et notamment les plombages, les extractions, les couronnes, les bridges, les détartrages ou les implants.

Enfin, la lune croissante est également déconseillée pour les drainages lymphatiques qui seront plus efficaces à d'autres moments.

Le saviez-vous ? Les oligoéléments sont une classe de nutriments nécessaires à l'organisme en quantité très faible et constitués d'éléments minéraux.

Date	Notes :	Rendez-vous :
Lundi 28 mars St Gontran		
Mardi 29 mars Ste Gwladys		
Mercredi 30 mars St Amédée		
Jeudi 31 mars St Benjamin		
Vendredi 1er avril St Hugues		
Samedi 2 avril Ste Sandrine		
Dimanche 3 avril St Richard		

« Nul besoin de faire de la Terre un paradis : elle en est un. À nous de nous adapter pour l'habiter. » Henry Miller

♈ Bélier ♉ Taureau ♊ Gémeaux ♋ Cancer ♌ Lion ♍ Vierge ♎ Balance ♏ Scorpion ♐ Sagittaire ♑ Capricorne ♒ Verseau ♓ Poissons

Date	Lune	Zodiaque
Lundi 4 avril	NA à 15 h 04 — lune montante	♈ ; 16 h 41 ♉
Mardi 5 avril	lune montante	
Mercredi 6 avril	lune montante	
Jeudi 7 avril	A à 21 h 10 — lune montante	18 h 29 ♊
Vendredi 8 avril	10 h 14 — lune descendante	
Samedi 9 avril	☽ à 8 h 47 — lune descendante	
Dimanche 10 avril	lune descendante	0 h 48 ♋

Santé, beauté, bien-être

Traitez les cheveux gras en lune croissante pour une meilleure efficacité : le sébum sera alors moins stimulé.

LE REMÈDE LA NATURE AU SECOURS DES CHEVEUX GRAS

Il existe plusieurs méthodes naturelles très efficaces pour traiter et soigner les cheveux gras.

1. Une première méthode efficace consiste à saupoudrer les cheveux avec deux généreuses cuillerées à soupe de sel gris fin. Laissez agir pendant une vingtaine de minutes, puis brossez-vous soigneusement les cheveux pour éliminer le sel. Ce remède joue sur les vertus assainissantes du sel, utilisé comme un shampoing sec très facile d'emploi.

2. Une autre méthode fait, elle aussi, appel au sel gris fin. Il suffit d'ajouter une demi-cuillerée à café de ce sel à votre shampoing habituel (de préférence doux et bio). Lavez-vous les cheveux comme vous le faites habituellement, en massant légèrement le cuir chevelu. Laissez agir pendant quelques minutes, puis rincez-vous généreusement.

Pendant la lune croissante, les soins de la peau sont à l'honneur ! La circulation sanguine de la peau est bonne : celle-ci sera donc plus souple, moins sensible et plus réceptive aux traitements en profondeur. Les pores vont suivre la tendance de la lune et s'ouvrir un peu plus.

C'est le moment de penser à vos cheveux ! La lune croissante est parfaite pour faire des masques pour cheveux gras car le sébum est moins stimulé. En lune descendante, c'est le moment de songer à vos teintures car la coloration tiendra mieux et durera plus longtemps.

Soignez votre peau en lune descendante. C'est maintenant, plus qu'en d'autres périodes, que vous pouvez lui redonner son plus bel éclat et que vous pouvez utilement la nourrir, surtout si elle a besoin d'hydratation. Songez aux peelings et autres nettoyages en profondeur.

Le saviez-vous ? L'argile présente un avantage extraordinaire. Elle va concentrer toute son action vers le foyer d'infection, le point de douleur, le cœur du problème à traiter pour une efficacité optimale.

Date	Notes :	Rendez-vous :
Lundi 4 avril St Isidore		
Mardi 5 avril Ste Irène		
Mercredi 6 avril St Marcellin		
Jeudi 7 avril St J.-B. de la Salle		
Vendredi 8 avril Ste Julie		
Samedi 9 avril St Gautier		
Dimanche 10 avril Rameaux		

« Il y a des gens qui disent qu'ils peuvent, et d'autres qu'ils ne peuvent pas. En général, ils ont tous raison. » Henry Ford

♈ Bélier ♉ Taureau ♊ Gémeaux ♋ Cancer ♌ Lion ♍ Vierge ♎ Balance ♏ Scorpion ♐ Sagittaire ♑ Capricorne ♒ Verseau ♓ Poissons

Date	Lune	Zodiaque
Lundi 11 avril	▲	♋ 14 h 47 ♌
Mardi 12 avril	▲	
Mercredi 13 avril	▲	
Jeudi 14 avril	▲	8 h 54 ♍
Vendredi 15 avril	▲	
Samedi 16 avril	▲ ○ à 20 h 54	
Dimanche 17 avril	▼	15 h 12 ♎

lune descendante

Santé, beauté, bien-être

D'une manière générale, la lune croissante est l'opposé de l'immobilisme : c'est une excellente période pour agir. Elle permet de mettre en œuvre les projets qui ont été décidés pendant la nouvelle lune.

•

Cette période d'assimilation et d'absorption permet également de stimuler l'organisme avec des vitamines naturelles qui seront mieux assimilées, des oligoéléments, des compléments phytothérapeutiques… Elle est aussi conseillée pour la prise de préparations à base de fer (sauf lorsque la Lune se trouve en Taureau, en Vierge ou en Capricorne).

•

Complémentairement, il faut aussi savoir que la lune croissante est parfaite pour tenter d'arrêter de fumer, pour pratiquer des massages tonifiants, mais également pour se faire vacciner (surtout à l'approche de la nouvelle lune afin de limiter autant que possible les risques d'effets secondaires indésirables).

•

Enfin, plus spécifiquement pour la femme, il faut encore savoir que la lune croissante correspond à la phase préovulatoire.

ET AILLEURS…

Dans la tradition hindoue, les deux jours qui précèdent la pleine lune sont appelés « les jours de la beauté et de l'harmonie universelle ». C'est le moment pendant lequel de nombreuses femmes vont prendre soin d'elles.

Lune descendante et décroissante sont idéales pour éliminer les obstacles.

Le saviez-vous ? S'offrir des pauses et se nettoyer de l'intérieur permettent au corps de rester en bonne santé le plus longtemps possible.

Date	Notes :	Rendez-vous :
Lundi 11 avril St Stanislas		
Mardi 12 avril St Jules		
Mercredi 13 avril Ste Ida		
Jeudi 14 avril St Maxime		
Vendredi 15 avril Vendredi saint		
Samedi 16 avril St Benoît-Joseph		
Dimanche 17 avril Pâques		

« Faites de vous-même votre meilleur(e) ami(e). »

♈ Bélier ♉ Taureau ♊ Gémeaux ♋ Cancer ♌ Lion ♍ Vierge ♎ Balance ♏ Scorpion ♐ Sagittaire ♑ Capricorne ♒ Verseau ♓ Poissons

Date	Lune	Zodiaque
Lundi 18 avril	ND à 16 h 00 — lune descendante	♎
Mardi 19 avril	P à 17 h 13 — lune descendante	3 h 25 ♏
Mercredi 20 avril	lune descendante	
Jeudi 21 avril	19 h 37	0 h 20 ♐
Vendredi 22 avril	lune montante	
Samedi 23 avril	◐ à 13 h 56 — lune montante	6 h 33 ♑
Dimanche 24 avril	lune montante	

Santé, beauté, bien-être

La lune décroissante est un excellent moment pour faire un peeling. En respectant cette très bonne période, vous éliminerez beaucoup plus facilement les cellules mortes. Par ailleurs, le peeling ne provoque pas d'irritation inutile, ce qui est un avantage de plus. La peau a un aspect tout à la fois propre et souple. Véritable lissage de surface, le peeling a aussi un très bon effet sur les pores qui vont se resserrer et permettre une meilleure pénétration des crèmes hydratantes.

Sauf lorsque la lune se situe en Bélier ou en Taureau, les périodes de lune décroissante sont le bon moment pour effectuer certaines interventions dentaires telles que les plombages, les couronnes, les bridges et les implants. C'est aussi à ce moment que vous pourrez faire les extractions dentaires ainsi que les opérations de la mâchoire. Bonne période encore pour les détartrages et l'hygiène buccale en règle générale. Si vous respectez cette bonne période, les saignements accompagnants les soins dentaires seront moins abondants, la guérison sera plus rapide et le risque de complication sera plus faible.

•

La lune décroissante est une très bonne période pour tenter d'arrêter de fumer ou de boire : les accros à la nicotine ou à l'alcool éprouveront un peu moins de difficultés à se débarrasser de leur addiction.

Le saviez-vous ? L'état de la peau, des cheveux et des ongles est un excellent indicateur de votre état de santé général.

Date	Notes :	Rendez-vous :
Lundi 18 avril Lundi de Pâques		
Mardi 19 avril Ste Emma		
Mercredi 20 avril Ste Odette		
Jeudi 21 avril St Anselme		
Vendredi 22 avril St Alexandre		
Samedi 23 avril St Georges		
Dimanche 24 avril St Fidèle		

« Le sommeil est la meilleure des méditations. » Le Dalaï-Lama

♈ Bélier ♉ Taureau ♊ Gémeaux ♋ Cancer ♌ Lion ♍ Vierge ♎ Balance ♏ Scorpion ♐ Sagittaire ♑ Capricorne ♒ Verseau ♓ Poissons

Date	Lune	Zodiaque	Santé, beauté, bien-être
Lundi 25 avril	lune montante	5 h 02 ♒	En lune décroissante, pensez à nettoyer votre peau en profondeur. Pour cela, vous pouvez notamment profiter des bienfaits des peelings, du hammam ou du sauna.
Mardi 26 avril			Toujours en lune décroissante, pensez à éliminer vos verrues et autres durillons. La période est propice à ce genre de traitement.
Mercredi 27 avril		13 h 29 ♓	Profitez de la lune décroissante pour soigner vos cheveux (mais évitez de les teindre pendant cette période). Coupez-les pour qu'ils repoussent moins vite, mais avec plus de vigueur et de santé. Si vous avez les cheveux courts, profitez-en pour rafraîchir votre coupe. Et si vous avez les cheveux secs, pensez aux soins nourrissants.
Jeudi 28 avril			
Vendredi 29 avril			
Samedi 30 avril Lune rousse	● à 22 h 28	7 h 00 ♈	
Dimanche 1er mai	NA à 21 h 53		En lune croissante, l'humeur est positive et le niveau d'énergie est en hausse : c'est le bon moment pour mettre en route de nouveaux projets, apprendre de nouvelles choses, perdre de mauvaises habitudes ou démarrer un nouveau régime.

LA RECETTE Un trio d'huiles essentielles pour vos cheveux secs

Si vous avez les cheveux secs, évitez les shampoings industriels et confectionnez votre shampoing « maison » à base d'huiles essentielles.

1. Pour la base de cette préparation, privilégiez un shampoing non parfumé, doux, clair et, si possible, bio.
2. Versez 12 cl de shampoing dans un flacon.
3. Ajoutez six gouttes d'huile essentielle de lavande, quatre gouttes d'huile essentielle de géranium et deux gouttes d'huile essentielle d'achillée.
4. Fermez le flacon bien hermétiquement et agitez-le pour bien disperser les différentes huiles essentielles.
5. Utilisez ce shampoing comme un shampoing ordinaire : il est parfait pour les cheveux secs.

Le saviez-vous ? L'huile essentielle de lavande a de nombreuses propriétés : c'est un cicatrisant exceptionnel. Elle est aussi antidouleur, antitoxique et antivenin, entre autres…

Date	Notes :	Rendez-vous :
Lundi 25 avril St Marc		
Mardi 26 avril Ste Alida		
Mercredi 27 avril Ste Zita		
Jeudi 28 avril Ste Valérie		
Vendredi 29 avril Ste Cath. de Sienne		
Samedi 30 avril St Robert		
Dimanche 1er mai Fête du Travail		

« Une journée nuageuse ne peut rien contre un tempérament radieux. »
Albert Einstein

♈ Bélier ♉ Taureau ♊ Gémeaux ♋ Cancer ♌ Lion ♍ Vierge ♎ Balance ♏ Scorpion ♐ Sagittaire ♑ Capricorne ♒ Verseau ♓ Poissons

Date	Lune	Zodiaque
Lundi 2 mai	▲ lune montante	0 h 24 ♉
Mardi 3 mai	▲ lune montante	
Mercredi 4 mai	▲ lune montante	
Jeudi 5 mai	▲ A à 14 h 46 – 17 h 53	2 h 03 ♊
Vendredi 6 mai	▲ lune descendante	
Samedi 7 mai	▲ lune descendante	8 h 32 ♋
Dimanche 8 mai	▲ lune descendante	23 h 02

Santé, beauté, bien-être

La lune croissante est une bonne période pour prendre soin de vos cheveux, surtout s'ils ont tendance à être gras. Pendant cette période, le sébum est en effet moins stimulé.

LE REMÈDE De l'ortie pour les cheveux gras

Loin d'être une « mauvaise herbe » à éradiquer à tout prix, l'ortie est une plante précieuse, tant pour la santé que pour la beauté. En ayant la capacité de réguler l'excès de sébum, l'ortie séchée est très bénéfique pour les cheveux gras.

1. Versez deux généreuses cuillerées à soupe d'ortie séchée dans 1,5 litre d'eau bouillante.

2. Mélangez bien, puis laissez tranquillement infuser pendant un quart d'heure.

3. Filtrez soigneusement la préparation.

4. Utilisez-la ensuite, encore tiède, en dernière eau de rinçage lors de chaque shampoing.

•

En lune croissante, coupez vos cheveux pour qu'ils repoussent plus dociles et plus faciles à coiffer (de préférence en lune montante).

Pour hydrater et revitaliser le visage, c'est vers les algues qu'il faut vous tourner. Leur combinaison de minéraux, d'enzymes, de vitamines et d'acides gras n'a pas son pareil pour réveiller votre teint. Vous avez le visage fatigué ? Tonifiez-le en optant pour un masque « maison » aux algues.

LE REMÈDE Masque hydratant aux algues

1. Mélangez une cuillerée à soupe de poudre d'algue à la même quantité de gel d'aloe vera.

2. Ajoutez un peu d'eau minérale (surtout pas d'eau du robinet !) et une à deux gouttes d'huile essentielle de lavande.

3. Appliquez cette pâte sur le visage et laissez reposer pendant un quart d'heure.

4. Rincez ensuite à l'eau claire.

5. Si vous avez la peau très sèche, remplacez le gel d'aloe vera par de l'huile d'argan ou de l'huile d'olive vierge extra.

Le saviez-vous ? Ce n'est pas le moment de faire un régime car la lune croissante favorise la prise de poids.

Date	Notes :	Rendez-vous :
Lundi 2 mai St Boris		
Mardi 3 mai Sts Phil., Jacq.		
Mercredi 4 mai St Sylvain		
Jeudi 5 mai Ste Judith		
Vendredi 6 mai Ste Prudence		
Samedi 7 mai Ste Gisèle		
Dimanche 8 mai Victoire 1945		

« Il n'est jamais trop tard pour devenir
ce que l'on aurait pu être. » George Eliot

♈ Bélier ♉ Taureau ♊ Gémeaux ♋ Cancer ♌ Lion ♍ Vierge ♎ Balance ♏ Scorpion ♐ Sagittaire ♑ Capricorne ♒ Verseau ♓ Poissons

Date	Lune	Zodiaque
Lundi 9 mai	▲ ☽ à 2 h 21 — lune descendante	♌
Mardi 10 mai	▲ lune descendante	
Mercredi 11 mai Saint de glace	▲ lune descendante	18 h 25 ♍
Jeudi 12 mai Saint de glace	▲ lune descendante	
Vendredi 13 mai Saint de glace	▲ lune descendante	
Samedi 14 mai	▲ lune descendante	
Dimanche 15 mai	▲ lune descendante	1 h 19 ♎

Santé, beauté, bien-être

La lune croissante est une bonne période pour prendre soin de vos cheveux, surtout s'ils ont tendance à être gras. Pendant cette période, le sébum est en effet moins stimulé.

LE REMÈDE De l'argile pour les cheveux

Le choix de l'argile dépend de votre type de cheveux : l'argile verte est idéale pour les cheveux gras, l'argile blanche est recommandée pour les cheveux secs. Ne vous étonnez pas si ce shampoing ne mousse pas. C'est tout à fait normal et cela ne nuit pas à son efficacité.

1. Versez deux généreuses cuillerées à soupe d'argile dans un récipient en bois ou en verre épais (ni plastique, ni métal) et diluez-la avec un peu d'eau chaude.

2. Appliquez la préparation sur les cheveux et le cuir chevelu, en répartissant le produit en massant.

3. Laissez agir une dizaine de minutes et rincez à l'eau.

C'est encore le bon moment pour prendre soin de votre peau. Traitez-la en profondeur (elle est plus souple et moins sensible en lune croissante). Si vous avez la peau sèche ou mixte, songez à quelques masques bienfaisants.

LA RECETTE Masque douceur pour les peaux mixtes

Vous avez une peau mixte ? Voici un masque qui lui fera un bien fou !

1. Versez trois cuillerées à soupe d'argile en poudre dans un récipient en bois ou en verre épais (n'utilisez jamais de métal ou de plastique).

2. Ajoutez une cuillerée à café d'huile d'amande douce et cinq cuillerées à café d'eau de fleur d'oranger.

3. Mélangez intimement tous les composants, jusqu'à obtention d'une préparation parfaitement homogène.

4. Appliquez-la alors sur le visage, en évitant toutefois le contour des yeux.

5. Laissez agir pendant environ une demi-heure, puis rincez à l'eau claire et séchez-vous.

Le saviez-vous ? L'huile d'amandes douces contient des minéraux, des protéines, des oméga 6 et 9, des vitamines A, B, D et E… Des alliés pour votre organisme.

Date	Notes :	Rendez-vous :
Lundi 9 mai St Pacôme		
Mardi 10 mai Ste Solange		
Mercredi 11 mai Ste Estelle		
Jeudi 12 mai St Achille		
Vendredi 13 mai Ste Rolande		
Samedi 14 mai St Matthias		
Dimanche 15 mai Ste Denise		

« Nous sommes ce que nous pensons. Tout ce que nous sommes résulte de nos pensées. Avec nos pensées, nous bâtissons notre monde. » Bouddha

♈ Bélier ♉ Taureau ♊ Gémeaux ♋ Cancer ♌ Lion ♍ Vierge ♎ Balance ♏ Scorpion ♐ Sagittaire ♑ Capricorne ♒ Verseau ♓ Poissons

Date	Lune	Zodiaque
Lundi 16 mai	ND à 1 h 43 ; à 6 h 14 — lune descendante	♎ 13 h 01 ♏
Mardi 17 mai	P à 17 h 27 — lune descendante	
Mercredi 18 mai	lune descendante	8 h 41 ♐
Jeudi 19 mai	3 h 22 — lune montante	
Vendredi 20 mai	lune montante	13 h 11 ♑
Samedi 21 mai	lune montante	
Dimanche 22 mai	à 20 h 43 — lune montante	10 h 42 ♒

Santé, beauté, bien-être

La lune décroissante est idéale pour couper les cheveux afin qu'ils repoussent moins vite, avec plus de santé et de vigueur. C'est une bonne période pour la coupe de cheveux fins qui repousseront avec plus de volume. C'est aussi une bonne période pour rafraîchir les coupes courtes. Globalement, la période est bonne pour tous les soins des cheveux qui agissent en profondeur, jusqu'aux racines (masque du cuir chevelu, traitement antipelliculaire…).

LE REMÈDE Sel et vinaigre contre les pellicules

1. Dans un bol, mélangez une cuillerée à soupe de sel fin, trois cuillerées à soupe de vinaigre et un jaune d'œuf.
2. Massez-vous le cuir chevelu avec cette préparation, à raison de deux massages hebdomadaires, pour éliminer les pellicules.
3. Après chaque massage, lavez-vous les cheveux et rincez-les à l'eau déminéralisée.

S'il convient de faire attention aux excès alimentaires en lune décroissante, la période est par contre bonne pour s'attaquer aux petits kilos superflus et même pour entamer un régime minceur bien conçu et équilibré, qui sera d'autant plus efficace.

La lune décroissante est également une excellente période pour profiter de massages relaxants, pour éliminer les toxines et nettoyer l'organisme, pour entamer des activités douces (méditation, relaxation, yoga…), pour traiter les problèmes liés aux peaux grasses (acné…) et sensibles, pour nettoyer la peau en profondeur grâce à quelques séances de hammam, à un bon sauna ou à l'un ou l'autre peeling.

En lune décroissante, pensez à vous faire du bien sur le plan émotionnel et spirituel aussi. La période est en effet favorable à la réflexion et à l'intériorisation. Elle permet de faire plus facilement le ménage dans sa vie en faisant la chasse aux mauvaises habitudes, aux idées noires, aux illusions et même aux faux amis.

Le saviez-vous ? La nouvelle lune annonce une période d'énergie. On prépare le futur…

Date	Notes :	Rendez-vous :
Lundi 16 mai St Honoré		
Mardi 17 mai St Pascal		
Mercredi 18 mai St Eric		
Jeudi 19 mai St Yves		
Vendredi 20 mai St Bernardin		
Samedi 21 mai St Constantin		
Dimanche 22 mai St Emile		

« C'est bon de ne pas regarder à la dépense de son énergie ! » Jules Renard

♈ Bélier ♉ Taureau ♊ Gémeaux ♋ Cancer ♌ Lion ♍ Vierge ♎ Balance ♏ Scorpion ♐ Sagittaire ♑ Capricorne ♒ Verseau ♓ Poissons

Date	Lune	Zodiaque
Lundi 23 mai	lune montante	♒
Mardi 24 mai	lune montante	18 h 57 ♓
Mercredi 25 mai	lune montante	
Jeudi 26 mai	lune montante	
Vendredi 27 mai	lune montante	13 h 09 ♈
Samedi 28 mai	lune montante	
Dimanche 29 mai	NA à 4 h 33	6 h 55 ♉

Santé, beauté, bien-être

La lune peut devenir un formidable allié-minceur ! Le corps est en phase d'assimilation pendant la lune croissante et en phase d'élimination durant la lune décroissante. En lune croissante, il convient donc d'alléger ses repas, tandis qu'en lune décroissante, il est possible de manger ce que l'on veut, mais sans excès. Les jours de pleine lune et de nouvelle lune doivent devenir des journées de détox ou de jeûne permettant à l'organisme de se reposer.

INFO SANTÉ Mincir avec la camomille

En lune décroissante, des tisanes à base de citron ou de camomille sont indiquées pour aider l'organisme à éliminer, et donc à mincir.

1. La camomille est une plante médicinale multi-usage qui, consommée en infusion, s'avère être un diurétique doux mais efficace. Elle permet de combattre la rétention d'eau souvent causée par une alimentation déséquilibrée et un mode de vie sédentaire.

2. En raison de ses propriétés diurétiques et de celles facilitant la digestion, la camomille favorise un assainissement de l'organisme via l'élimination des toxines. Un corps exempt de toxines réagira beaucoup mieux face à un régime alimentaire sain, ce qui se traduira par une plus grande perte de poids.

3. Pour consommer idéalement la camomille dans ce contexte minceur, en association avec une alimentation équilibrée, préparez une infusion avec une tasse d'eau bouillante et une cuillerée à soupe de camomille. Laissez reposer pendant une dizaine de minutes pour que toutes les propriétés de la plante soient bien présentes dans la boisson.

4. Prenez quatre tasses de cette infusion chaque jour : trois avant les principaux repas pour réduire l'envie de manger et faciliter la digestion et une dernière avant d'aller dormir pour réduire l'anxiété et favoriser un meilleur sommeil.

5. Pour améliorer encore les vertus amincissantes et digestives de la camomille, ajoutez le jus d'un demi-citron à chaque tasse d'infusion.

Le saviez-vous ? S'offrir des pauses et se nettoyer de l'intérieur permettent au corps de rester en bonne santé le plus longtemps possible.

Date	Notes :	Rendez-vous :
Lundi 23 mai St Didier		
Mardi 24 mai St Donation		
Mercredi 25 mai Ste Sophie		
Jeudi 26 mai Ascension		
Vendredi 27 mai St Augustin		
Samedi 28 mai St Germain		
Dimanche 29 mai Fête des Mères		

« Chaque jour, il faut cultiver son bonheur et discrètement le répandre. »

♈ Bélier ♉ Taureau ♊ Gémeaux ♋ Cancer ♌ Lion ♍ Vierge ♎ Balance ♏ Scorpion ♐ Sagittaire ♑ Capricorne ♒ Verseau ♓ Poissons

Date	Lune	Zodiaque
Lundi 30 mai — Fin lune rousse	● à 13 h 30 — lune montante	♉
Mardi 31 mai	lune montante	
Mercredi 1er juin	lune montante	8 h 47 ♊
Jeudi 2 juin	0 h 29 — A à 3 h 13 — lune descendante	
Vendredi 3 juin	lune descendante	15 h 20 ♋
Samedi 4 juin	lune descendante	
Dimanche 5 juin	lune descendante	6 h 08 ♌

Santé, beauté, bien-être

En lune croissante, un seul mot d'ordre : agissez ! Cette période est à considérer comme une formidable porte ouverte sur tout ce que vous désirez. La lune croissante vous offre l'énergie nécessaire à la mise en œuvre des projets auxquels vous avez réfléchi et que vous avez élaborés au cours de la nouvelle lune. C'est le moment de retrousser vos manches et de consentir quelques efforts afin d'atteindre vos objectifs. Par ailleurs, la lune croissante est aussi considérée comme une très bonne période d'assimilation et d'absorption. La consigne est donc simple : profitez-en et agissez !

D'autre part, la lune croissante est aussi une bonne période pour traiter la peau en profondeur. La circulation sanguine de la peau est bonne. Celle-ci est donc plus souple, moins sensible aux rougeurs et autres tiraillements.

En lune descendante, n'oubliez pas de nourrir votre peau si elle a besoin d'hydratation.

LE REMÈDE Réhydrater votre peau

Si vous avez la peau sèche et si vous voulez la réhydrater (ce qui lui fera le plus grand bien), voici un remède naturel infaillible ! Miel et huile d'olive : des ingrédients-clés.

1. Dans l'eau tiède de votre bain, ajoutez 500 g de miel préalablement dilué dans de l'eau chaude.

2. Ajoutez aussi 200 à 300 g de sel de mer, 100 g de bicarbonate de soude, 4 litres de lait et 10 cl d'huile d'olive vierge extra.

3. Mélangez le tout dans l'eau de votre bain, puis plongez-vous dans ce bain qui s'avèrera aussi relaxant que réhydratant.

4. Profitez-en pendant environ un quart d'heure, en tout cas tant que l'eau reste à une température agréable. Ensuite, sortez du bain et séchez-vous.

Le saviez-vous ? À la nouvelle lune, l'astre se situe entre le Soleil et la Terre. On dit qu'elle est en conjonction avec le Soleil.

Date	Notes :	Rendez-vous :
Lundi 30 mai St Ferdinand		
Mardi 31 mai Visitation		
Mercredi 1er juin St Justin		
Jeudi 2 juin Ste Blandine		
Vendredi 3 juin St Kévin		
Samedi 4 juin Ste Clotilde		
Dimanche 5 juin Pentecôte		

« Je concentre mon attention sur les belles choses de la vie. »

♈ Bélier ♉ Taureau ♊ Gémeaux ♋ Cancer ♌ Lion ♍ Vierge ♎ Balance ♏ Scorpion ♐ Sagittaire ♑ Capricorne ♒ Verseau ♓ Poissons

Date	Lune	Zodiaque
Lundi 6 juin	lune descendante	♌
Mardi 7 juin	☽ à 16 h 48	
Mercredi 8 juin		2 h 53 ♍
Jeudi 9 juin		
Vendredi 10 juin		
Samedi 11 juin		11 h 41 ♎
Dimanche 12 juin	ND à 12 h 01	23 h 42

Santé, beauté, bien-être

La lune croissante est une phase importante : c'est pendant celle-ci que l'organisme reprend des forces. C'est une bonne période pour commencer des cures antifatigues et des massages circulatoires.

INFO SANTÉ Trois produits naturels pour des cures antifatigues efficaces

Surtout pendant la mauvaise saison ou lors des périodes de fortes sollicitations, la fatigue et l'excès de fatigue vous guettent. Heureusement, il est possible d'effectuer des cures antifatigues avec des ingrédients 100 % naturels.

1. Produit le plus noble de la ruche, la gelée royale a une action très efficace sur l'organisme, action visant essentiellement à renforcer le système immunitaire et à lutter contre la fatigue. Dans ce contexte, il est recommandé de suivre une cure, en prenant chaque matin, à jeun, une pointe de cuillerée à café de gelée royale.

2. Le pollen est un autre produit emblématique de la ruche. Excellent fortifiant, c'est un bon substitut à la gelée royale, qui est assez onéreuse. Il permet de protéger le système des agressions causées par les microbes et autres virus, d'améliorer l'état général et de stimuler les défenses immunitaires. Dans le cadre d'un programme antifatigue, le pollen est à consommer en cure d'environ un mois, à raison d'une à deux cuillerées à soupe de pollen chaque jour. Ce produit est toutefois déconseillé aux personnes souffrant d'insuffisance rénale.

3. Consommé sous forme de cure, le raisin est un antifatigue naturel reconnu. Mais son action va encore plus loin : en se positionnant comme un éliminateur naturel des toxines accumulées dans l'organisme, il aide aussi à résoudre certains problèmes digestifs (notamment la constipation). Pour lutter contre la fatigue, une cure de raisin bio d'une durée pouvant varier de trois à vingt et un jours est à recommander (sauf aux diabétiques).

•

La période est indiquée pour traiter la peau en profondeur : en lune croissante, la circulation sanguine de la peau est bonne, la peau est plus souple, elle est moins sensible aux rougeurs et autres tiraillements.

•

C'est également une bonne période pour appliquer des traitements nourrissants à la peau.

Le saviez-vous ? La gelée royale est riche en acides aminés, glucides, lipides, oligoéléments, sels minéraux et vitamines. C'est même la plus généreuse source naturelle de vitamine B5.

Date	Notes :	Rendez-vous :
Lundi 6 juin Lundi de Pentecôte		
Mardi 7 juin St Gilbert		
Mercredi 8 juin St Médard		
Jeudi 9 juin Ste Diane		
Vendredi 10 juin St Landry		
Samedi 11 juin St Barnabé		
Dimanche 12 juin St Guy		

« Un voyage de mille lieues commence toujours par un premier pas. » Lao Tseu

♈ Bélier ♉ Taureau ♊ Gémeaux ♋ Cancer ♌ Lion ♍ Vierge ♎ Balance ♏ Scorpion ♐ Sagittaire ♑ Capricorne ♒ Verseau ♓ Poissons

Date	Lune	Zodiaque
Lundi 13 juin	lune descendante	♏
Mardi 14 juin	Pleine lune à 13 h 51	18 h 59 ♐
Mercredi 15 juin	P à 1 h 23 ; 13 h 02	
Jeudi 16 juin	lune montante	22 h 07 ♑
Vendredi 17 juin	lune montante	
Samedi 18 juin	lune montante	18 h 10 ♒
Dimanche 19 juin	lune montante	

Santé, beauté, bien-être

À défaut d'un séjour en thalasso, vous pouvez aussi préparer chez vous un splendide bain aux algues qui régénérera votre peau et chassera le stress.

LA RECETTE Bain thalasso aux algues

1. En boutique bio, achetez des algues fraîches ou déshydratées (dulse, haricot de mer ou kombu).

2. Coupez les algues entières en petits morceaux et laissez-les cuire en décoction dans une casserole d'eau bouillante pendant environ un quart d'heure.

3. Filtrez l'eau (ou conservez les algues si vous le souhaitez) et ajoutez-la à un bain bien chaud.

Pendant la lune décroissante, il convient de libérer l'énergie accumulée lors de la phase croissante et pendant la pleine lune. Faites du sport, marchez un peu plus.

INFO SANTÉ Marche au quotidien, bienfaits au quotidien

Certaines études récentes affirment que pour se maintenir en bonne santé, il est nécessaire d'effectuer entre mille et dix mille pas par jour. À condition d'être bien pratiquée (évitez de marcher courbé ou de regarder le sol en marchant, utilisez des chaussures parfaitement adaptées au terrain et à votre morphologie…), la marche est un véritable concentré de bienfaits.

1. D'une manière générale, on peut affirmer que la marche aide à perdre du poids, active la circulation sanguine, réduit l'apparition de varices, aide à tonifier les muscles des jambes, diminue les risques d'hypertension, prévient le diabète, aide à lutter contre le cholestérol.

2. La marche renforce le cœur, réduisant la probabilité de souffrir de problèmes cardiovasculaires. Parallèlement, la marche améliore l'endurance cardiorespiratoire. La résistance pulmonaire est sensiblement augmentée.

3. La marche aide le cerveau car la fonction cognitive s'améliore en réalisant cette activité au quotidien. Les personnes âgées réduisent les risques de complications cérébrales grâce à cette activité.

4. Les symptômes liés à la dépression peuvent également être soulagés. Après avoir marché, on se sent émotionnellement mieux.

5. La marche réduit aussi le risque d'apparition du cancer du côlon et du cancer du sein. Elle facilite la digestion, évitant l'accumulation d'aliments semi-digérés et de matière fécale.

Le saviez-vous ? Pointure, profil de la semelle, souplesse, confort thermique, facilité d'entretien… font partie des principaux critères à respecter au moment d'acheter de nouvelles chaussures de marche.

Date	Notes :	Rendez-vous :
Lundi 13 juin St Ant. de Padoue		
Mardi 14 juin St Elisée		
Mercredi 15 juin Ste Germaine		
Jeudi 16 juin St J.-F. Régis		
Vendredi 17 juin St Hervé		
Samedi 18 juin St Léonce		
Dimanche 19 juin Fête des Pères		

« Je me félicite pour les grandes et petites choses que je réalise. »

♈ Bélier ♉ Taureau ♊ Gémeaux ♋ Cancer ♌ Lion ♍ Vierge ♎ Balance ♏ Scorpion ♐ Sagittaire ♑ Capricorne ♒ Verseau ♓ Poissons

Date	Lune	Zodiaque
Lundi 20 juin	Lune montante	♒
Mardi 21 juin Solstice d'été	◗ à 5 h 10	1 h 04 ♓
Mercredi 22 juin		
Jeudi 23 juin		18 h 25 ♈
Vendredi 24 juin		
Samedi 25 juin	NA à 9 h 09	12 h 44 ♉
Dimanche 26 juin		

Santé, beauté, bien-être

C'est une excellente période pour prévoir un soin anti-âge. Pour lutter contre les signes de l'âge sur le visage, les algues sont à la pointe ! Les végétaux marins contiennent des antioxydants en grande quantité. Ils luttent efficacement contre les radicaux libres responsables du vieillissement de la peau. Les algues sont aussi riches en nutriments et en minéraux, elles jouent donc un rôle important dans le renouvellement des cellules de la peau. Les soins anti-âge aux algues permettent de redonner de l'élasticité et du tonus à la peau. Ils atténuent aussi naturellement les rides du visage. Pour aider le collagène à se renouveler, utilisez de préférence une microalgue d'eau douce : la chlorelle. Sa composition se rapproche du collagène présent dans notre peau. Elle est donc toute indiquée pour le stimuler.

LA RECETTE Masque « maison » aux algues

1. Prenez une cuillerée à soupe d'huile d'argan.
2. Ajoutez le contenu d'une gélule de spiruline en poudre, d'une gélule de fucus et d'une gélule de lithothamne.
3. Mélangez ces composants, puis appliquez le masque sur la peau de votre visage en prenant soin d'éviter le contour des yeux.
4. Laissez reposer pendant une dizaine de minutes, puis rincez soigneusement à l'eau. Effet « coup de jeune » garanti !

•

Certaines algues encore plus étonnantes contiennent des filtres solaires. En été, vous pouvez donc choisir une crème solaire à base de *Porphyra* ou d'*Umbillicalis*.

•

La lune décroissante est une mauvaise période pour pratiquer un exercice physique (l'organisme est plus fatigué en lune décroissante), pour démarrer une nouvelle activité ou même pour prendre des vitamines, des minéraux ou toute autre préparation à base de fer. Par contre, c'est une très bonne période pour tenter d'arrêter de fumer ou de boire : les accros à la nicotine ou à l'alcool éprouveront un peu moins de difficultés à se débarrasser de leur addiction.

Le saviez-vous ? Vous pouvez fabriquer vous-même vos cosmétiques à base d'algues.

Date	Notes :	Rendez-vous :
Lundi 20 juin St Sylvère		
Mardi 21 juin Été		
Mercredi 22 juin St Alban		
Jeudi 23 juin Ste Audrey		
Vendredi 24 juin St Jean-Baptiste		
Samedi 25 juin St Prosper		
Dimanche 26 juin St Anthelme		

« Les gagnants trouvent des moyens, les perdants des excuses. »
Franklin Roosevelt

♈ Bélier ♉ Taureau ♊ Gémeaux ♋ Cancer ♌ Lion ♍ Vierge ♎ Balance ♏ Scorpion ♐ Sagittaire ♑ Capricorne ♒ Verseau ♓ Poissons

Date	Lune	Zodiaque
Lundi 27 juin	▼ lune montante	♉
Mardi 28 juin	▼	14 h 52 ♊
Mercredi 29 juin	● à 4 h 53 ; A à 8 h 08 ; 6 h 04	
Jeudi 30 juin	▲ lune descendante	21 h 24 ♋
Vendredi 1er juillet	▲	
Samedi 2 juillet	▲	12 h 14 ♌
Dimanche 3 juillet	▲	

Santé, beauté, bien-être

Lors de la lune montante, l'organisme a une grande capacité à l'assimilation et à l'absorption. Les crèmes, préparations ou huiles pénètrent d'autant mieux. Les agents actifs sont eux aussi mieux assimilés pour plus de résultats.

LA RECETTE Gommage pour les peaux sèches

L'argile est parfaite pour préparer un gommage « spécial peaux sèches ».

1. Versez deux cuillerées à soupe d'argile blanche ultra-ventilée dans un récipient en verre épais ou en bois (jamais de métal oui de plastique !) et couvrez d'eau pure à hauteur.

2. Laissez reposer quelques minutes, puis ajoutez une cuillerée à soupe d'huile d'amande douce et le double de poudre d'amande.

3. Mélangez et adaptez éventuellement les ingrédients jusqu'à obtention d'une pâte de consistance moyenne : ni trop épaisse, ni trop liquide.

4. Appliquez-la en légers massages sur le visage en insistant sur le front, le nez et le menton, mais en évitant le contour des yeux.

5. Massez en petits mouvements circulaires pendant quelques minutes, puis rincez à l'eau tiède et séchez-vous.

•

Si vous désirez que vos ongles repoussent plus vite, le moment est venu de les couper.

•

La lune croissante est une bonne période pour traiter les ongles incarnés, sauf en Poissons.

Le saviez-vous ? L'argile a six pouvoirs ! Elle est absorbante, apaisante, adoucissante, couvrante, énergisante et antibactérienne.

Date	Notes :	Rendez-vous :
Lundi 27 juin St Fernand		
Mardi 28 juin Ste Irénée		
Mercredi 29 juin Sts Pierre, Paul		
Jeudi 30 juin St Martial		
Vendredi 1er juillet St Thierry		
Samedi 2 juillet St Martinien		
Dimanche 3 juillet St Thomas		

« Une personne qui ne s'est jamais trompée est une personne qui n'a jamais rien essayé de nouveau. » Albert Einstein

♈ Bélier ♉ Taureau ♊ Gémeaux ♋ Cancer ♌ Lion ♍ Vierge ♎ Balance ♏ Scorpion ♐ Sagittaire ♑ Capricorne ♒ Verseau ♓ Poissons

Date	Lune	Zodiaque
Lundi 4 juillet	lune descendante	♌
Mardi 5 juillet	lune descendante	9 h 45 ♍
Mercredi 6 juillet	lune descendante	
Jeudi 7 juillet	◗ à 4 h 14 — lune descendante	
Vendredi 8 juillet	lune descendante	20 h 46 ♎
Samedi 9 juillet	ND à 19 h 27 — lune descendante	
Dimanche 10 juillet	lune descendante	9 h 46 ♏

Santé, beauté, bien-être

D'une manière générale, la lune croissante est l'opposé de l'immobilisme : c'est une excellente période pour agir. Elle permet de mettre en œuvre les projets qui ont été décidés pendant la nouvelle lune.

•

Cette période d'assimilation et d'absorption permet également de stimuler l'organisme avec des vitamines naturelles qui seront mieux assimilées, des oligoéléments, des compléments phytothérapeutiques… Elle est aussi conseillée pour la prise de préparations à base de fer (sauf lorsque la lune se trouve en Taureau, en Vierge ou en Capricorne).

•

Enfin, plus spécifiquement pour la femme, il faut encore savoir que la lune croissante correspond à la phase préovulatoire.

INFO SANTÉ LE FER, INDISPENSABLE À NOTRE BONNE SANTÉ

Le fer a de nombreuses fonctions dont les principales sont indispensables à une bonne santé.

1. Le fer intervient dans le processus d'élaboration des fonctions cognitives (la capacité à traiter les informations), et cela surtout chez l'enfant.

2. Il joue un rôle important dans la réponse immunitaire anti-infectieuse, dans la régulation de la température interne et dans la tolérance de l'organisme à l'effort.

3. C'est le cofacteur de plusieurs protéines, indispensable à leur bon fonctionnement : de nombreux enzymes, mais aussi l'hémoglobine et la myoglobine pour le transport et le stockage de l'oxygène dans les cellules.

•

Le moment est venu de penser à vos cheveux ! La lune croissante est idéale pour l'application de masques pour les cheveux gras : le sébum est moins stimulé. C'est aussi le moment de songer à vos teintures (de préférence en lune descendante) : la coloration tiendra mieux et durera plus longtemps.

Le saviez-vous ? Fatigue et anémie peuvent être des symptômes d'une carence en fer.

Date	Notes :	Rendez-vous :
Lundi 4 juillet St Florent		
Mardi 5 juillet St Antoine		
Mercredi 6 juillet Ste Mariette		
Jeudi 7 juillet St Raoul		
Vendredi 8 juillet St Thibault		
Samedi 9 juillet Ste Amandine		
Dimanche 10 juillet St Ulrich		

« Mes pensées positives déterminent ma vie. »

♈ Bélier ♉ Taureau ♊ Gémeaux ♋ Cancer ♌ Lion ♍ Vierge ♎ Balance ♏ Scorpion ♐ Sagittaire ♑ Capricorne ♒ Verseau ♓ Poissons

Date	Lune	Zodiaque	Santé, beauté, bien-être
Lundi 11 juillet	lune descendante	♏	Pensez « coupe » ! Les cheveux coupés en lune croissante ont tendance à repousser plus vite. Mais ils seront aussi plus dociles et plus faciles à coiffer (surtout si la coupe a été effectuée en lune montante).
Mardi 12 juillet	lune descendante	5 h 45 ♐	
Mercredi 13 juillet	23 h 17 ; P à 11 h 05 ; Pleine lune à 20 h 37 ; lune montante		Voici une bonne période pour éliminer les durillons et les verrues.
Jeudi 14 juillet	lune montante	8 h 40 ♑	**LE REMÈDE** Du vinaigre contre les verrues Plusieurs méthodes saines et naturelles permettent de faire disparaître les verrues. Certaines font appel à l'argile montmorillonite ou au bicarbonate de soude. Une autre, au vinaigre, semble faire l'unanimité. **1.** Zestez des citrons jaunes de qualité biologique, puis faites macérer les zestes obtenus dans 25 cl de vinaigre pendant une semaine. **2.** Badigeonnez les verrues avec cette préparation. **3.** Répétez ce petit traitement naturel chaque jour, à raison de deux applications quotidiennes, jusqu'à disparition complète des verrues.
Vendredi 15 juillet	lune montante		
Samedi 16 juillet	lune montante ; à 12 h 10	3 h 45 ♒	
Dimanche 17 juillet	lune montante		

Le saviez-vous ? Les verrues sont des tumeurs cutanées bénignes, non cancéreuses, pouvant apparaître sur diverses parties du corps : pieds, mains, genoux… jusqu'aux parties génitales.

Date	Notes :	Rendez-vous :
Lundi 11 juillet St Benoît		
Mardi 12 juillet St Olivier		
Mercredi 13 juillet Sts Henri, Joël		
Jeudi 14 juillet Fête nationale		
Vendredi 15 juillet St Donald		
Samedi 16 juillet N.-D. du Mt Carmel		
Dimanche 17 juillet Ste Charlotte		

« La patience est la clé du bien-être. » Mahomet

♈ Bélier ♉ Taureau ♊ Gémeaux ♋ Cancer ♌ Lion ♍ Vierge ♎ Balance ♏ Scorpion ♐ Sagittaire ♑ Capricorne ♒ Verseau ♓ Poissons

Date	Lune	Zodiaque
Lundi 18 juillet		♒ 9 h 02 ♓
Mardi 19 juillet		
Mercredi 20 juillet	◗ à 16 h 18	23 h 56 ♈
Jeudi 21 juillet		
Vendredi 22 juillet	NA à 11 h 20	18 h 49 ♉
Samedi 23 juillet		
Dimanche 24 juillet		

lune montante

Santé, beauté, bien-être

Contrairement à la lune croissante, la lune décroissante est une période favorable aux interventions chirurgicales, à condition de respecter les signes du zodiaque. C'est donc une période favorable pour les opérations :

- du cou, de la nuque, des amygdales et de la mâchoire inférieure (sauf en Taureau),
- du cœur (sauf en Lion),
- des épaules, des bras et des jambes (sauf en Gémeaux),
- des hanches, des reins et de la vessie (sauf en Balance),
- des yeux, des oreilles et de la mâchoire supérieure (sauf en Bélier),
- des organes génitaux (sauf en Scorpion),
- des jambes (sauf en Verseau),
- du système digestif (sauf en Vierge),
- des os, des genoux, de la colonne vertébrale et de la peau (sauf en Capricorne),
- de la poitrine et des poumons (sauf en Cancer),
- des pieds et des orteils (sauf en Poissons).

C'est aussi le moment de penser aux soins dentaires : extractions dentaires, plombages, couronnes, bridges et implants (sauf en Bélier ou Taureau), détartrage et hygiène buccale (sauf en Capricorne).

La lune décroissante est aussi favorable à la réflexion, à la spiritualité et à l'intériorisation, elle est donc parfaite pour tenter de mieux éliminer les obstacles, pour rompre avec certaines mauvaises habitudes (c'est, entre autres, la meilleure période pour tenter d'arrêter de consommer de l'alcool ou pour arrêter de fumer), pour faire la chasse aux idées noires ou se défaire de quelques illusions.

Le saviez-vous ? Réflexion et pensée positive sont à l'honneur !

Date	Notes :	Rendez-vous :
Lundi 18 juillet St Frédéric		
Mardi 19 juillet St Arsène		
Mercredi 20 juillet Ste Marina		
Jeudi 21 juillet St Victor		
Vendredi 22 juillet Ste M.-Madeleine		
Samedi 23 juillet Ste Brigitte		
Dimanche 24 juillet Ste Christine		

« Ce qui est plus triste qu'une œuvre inachevée, c'est une œuvre jamais commencée. » Christinna Rosseti

♈ Bélier ♉ Taureau ♊ Gémeaux ♋ Cancer ♌ Lion ♍ Vierge ♎ Balance ♏ Scorpion ♐ Sagittaire ♑ Capricorne ♒ Verseau ♓ Poissons

Date	Lune	Zodiaque	Santé, beauté, bien-être
Lundi 25 juillet	lune montante	♉ 20 h 53 ♊	En lune décroissante, faites très attention aux excès alimentaires qui risquent de faire encore plus pencher la balance qu'en d'autres périodes. Par contre, c'est une bonne période pour vous attaquer à quelques kilos superflus ou pour entamer un régime minceur qui se montrera fort efficace.
Mardi 26 juillet	A à 12 h 21		
Mercredi 27 juillet	lune descendante		La lune décroissante est une excellente période pour profiter de massages relaxants, pour éliminer les toxines et nettoyer l'organisme, pour entamer des activités douces (méditation, relaxation, yoga…), pour traiter les problèmes liés aux peaux grasses (acné…) et sensibles, pour nettoyer la peau en profondeur grâce à quelques séances de hammam, à un bon sauna ou à un peeling.
Jeudi 28 juillet	● à 19 h 54	3 h 22 ♋	
Vendredi 29 juillet		18 h 05 ♌	La nouvelle lune, appelée aussi lune noire, se caractérise par un ciel noir qu'elle n'éclaire plus. C'est une bonne période pour décider de nouveaux projets et poser de nouvelles bases.
Samedi 30 juillet			La lune croissante est une période favorable à la prise de poids. Plus qu'en d'autres moments, il convient de faire très attention aux petits grignotages particulièrement dangereux pour la ligne. Dans le même ordre d'idées, ce n'est pas une bonne période pour entamer un régime minceur : celui-ci va fatiguer l'organisme plus que nécessaire.
Dimanche 31 juillet			La lune croissante est par contre une très bonne période pour stimuler l'organisme, notamment grâce à la prise de vitamines naturelles qui seront parfaitement bien assimilées, d'oligoéléments, de compléments phytothérapeutiques… C'est le moment de donner un coup de booste à l'organisme !

Le saviez-vous ? La lune est le symbole de la vie intérieure, profonde, cachée. Elle est associée à l'inconscient et à l'aspect féminin.

Date	Notes :	Rendez-vous :
Lundi 25 juillet St Jacques		
Mardi 26 juillet Ste Anne, Joachim		
Mercredi 27 juillet Ste Nathalie		
Jeudi 28 juillet St Samson		
Vendredi 29 juillet Ste Marthe		
Samedi 30 juillet Ste Juliette		
Dimanche 31 juillet St I. de Loyola		

« Écouter la forêt qui pousse plutôt que l'arbre qui tombe. » Friedrich Hegel

♈ Bélier ♉ Taureau ♊ Gémeaux ♋ Cancer ♌ Lion ♍ Vierge ♎ Balance ♏ Scorpion ♐ Sagittaire ♑ Capricorne ♒ Verseau ♓ Poissons

Date	Lune	Zodiaque
Lundi 1er août	▲ lune descendante	♌ – 15 h 32 – ♍
Mardi 2 août	▲ lune descendante	
Mercredi 3 août	▲ lune descendante	
Jeudi 4 août	▲ lune descendante	
Vendredi 5 août	▲ ☽ à 13 h 06 – ND à 22 h 30 – lune descendante	– 3 h 48 – ♎
Samedi 6 août	▲ lune descendante	– 17 h 54 – ♏
Dimanche 7 août	▲ lune descendante	

Santé, beauté, bien-être

La lune descendante est idéale pour soigner la peau qui a été malmenée par les produits cosmétiques agressifs, par le vent, la pluie ou le froid, par la pollution ambiante… C'est le moment de lui redonner de la douceur, de lui faire retrouver tout son éclat et, au final, de retrouver un véritable confort. Peelings et nettoyages en profondeur de la peau seront d'une réelle efficacité.

•

C'est en lune croissante que vous devez songer à traiter la peau en profondeur. Pendant cette période, la circulation sanguine de la peau est optimale, la peau est plus souple et elle est moins sensible aux rougeurs et autres tiraillements. Pensez donc à appliquer maintenant les traitements nourrissants de la peau tels que des concoctions d'algues marines ou d'argile.
C'est aussi une très bonne période pour hydrater les peaux sèches et pour leur appliquer quelques masques bienfaisants.

LA RECETTE Un masque comme une recette de cuisine

Les composants de ce masque hydratant peuvent paraître surprenant et la préparation faire songer à une délicieuse recette de cuisine, il n'en demeure pas moins que ce masque 100 % naturel est d'une réelle efficacité.

1. Dans un demi-verre de lait chaud, faites fondre une cuillerée à soupe de miel d'acacia.
2. Ajoutez-y quatre cuillerées à soupe de farine et une cuillerée à soupe d'huile d'olive vierge extra.
3. Mélangez bien tous ces composants, puis appliquez la préparation sur le cou et le visage (attention au contour des yeux !).
4. Laissez agir pendant environ un quart d'heure, puis rincez-vous à l'eau tiède.

•

D'une manière générale, la lune croissante est l'opposé de l'immobilisme : c'est une excellente période pour agir.
Elle permet de mettre en œuvre les projets qui ont été décidés pendant la nouvelle lune.

Le saviez-vous ? Le miel d'acacia est le seul miel qui reste à l'état liquide et ne cristallise pas. Sa saveur est délicate et sa couleur très claire.

Date	Notes :	Rendez-vous :
Lundi 1er août Sᵗ Alphonse		
Mardi 2 août Sᵗ Julien-Eymard		
Mercredi 3 août Sᵗᵉ Lydie		
Jeudi 4 août S J.-M. Vianney		
Vendredi 5 août Sᵗ Abel		
Samedi 6 août Transfiguration		
Dimanche 7 août Sᵗ Gaétan		

« Un ami vous aime tel que vous êtes. »

♈ Bélier ♉ Taureau ♊ Gémeaux ♋ Cancer ♌ Lion ♍ Vierge ♎ Balance ♏ Scorpion ♐ Sagittaire ♑ Capricorne ♒ Verseau ♓ Poissons

Date	Lune	Zodiaque
Lundi 8 août	lune desc.	♏ 15 h 14 ♐
Mardi 9 août	8 h 34 lune montante	
Mercredi 10 août	P à 19 h 08	19 h 10 ♑
Jeudi 11 août		
Vendredi 12 août	○ à 3 h 35	14 h 18 ♒
Samedi 13 août		
Dimanche 14 août		18 h 43 ♓

Santé, beauté, bien-être

La lune croissante est certainement la meilleure période pour mettre en œuvre les projets qui ont été décidés au cours de la nouvelle lune.

•

Cette période d'assimilation et d'absorption est également parfaite pour s'offrir des massages tonifiants.

La lune croissante peut aussi s'avérer quelque peu délicate. Elle peut, en effet, provoquer certains problèmes circulatoires ou veineux, des crises de rhumatismes, des migraines...

INFO SANTÉ Quelques gestes simples pour un bon massage tonifiant

1. Massez toujours en direction du cœur.
2. Commencez le massage par un effleurage en étalant l'huile de massage à la surface de la peau.
3. Accélérez peu à peu le rythme et la pression du massage en respectant les souhaits de la personne massée.

La lune décroissante est idéale pour éliminer les divers obstacles. Cette période de réflexion et d'intériorisation, mais aussi de spiritualité, est parfaite pour faire le ménage dans sa vie. Le moment est donc particulièrement bien choisi pour rompre avec certaines mauvaises habitudes parfois très solidement ancrées (c'est maintenant qu'il faut tenter d'arrêter de boire ou de fumer, mais aussi faire la chasse aux divers excès alimentaires), pour chasser toutes les idées noires qui empoisonnent le moral et la vie, pour se défaire de quelques illusions...

•

La lune décroissante est aussi indiquée pour se lancer dans certaines activités douces : la relaxation, le yoga, la méditation peuvent donc être à l'ordre du jour. Dans le même contexte, c'est maintenant qu'il faut bénéficier de massages relaxants.

Le saviez-vous ? À la pleine lune, c'est le moment de faire le bilan.

Date	Notes :	Rendez-vous :
Lundi 8 août St Dominique		
Mardi 9 août St Amour		
Mercredi 10 août St Laurent		
Jeudi 11 août Ste Claire		
Vendredi 12 août Ste Clarisse		
Samedi 13 août St Hippolyte		
Dimanche 14 août St Évrard		

« Si vous pouvez le rêver, vous pouvez le faire. » Walt Disney

♈ Bélier ♉ Taureau ♊ Gémeaux ♋ Cancer ♌ Lion ♍ Vierge ♎ Balance ♏ Scorpion ♐ Sagittaire ♑ Capricorne ♒ Verseau ♓ Poissons

Date	Lune	Zodiaque
Lundi 15 août		♓
Mardi 16 août		
Mercredi 17 août		6 h 49 ♈
Jeudi 18 août	NA à 12 h 57	
Vendredi 19 août	à 6 h 36	4 h 30 ♉
Samedi 20 août		
Dimanche 21 août	à 14 h 01	

lune montante

Santé, beauté, bien-être

En lune décroissante, évitez de poser des faux ongles. Vous risquez de les perdre plus facilement et ils auront en outre tendance à abîmer les vrais ongles dessous.

•

Par contre, c'est le bon moment pour vous couper les ongles (ils repousseront moins vite qu'en d'autres périodes), surtout s'ils sont fragiles ou cassants.

LE REMÈDE **Ongles cassants : quelques astuces incontournables**

Plusieurs solutions naturelles, faciles et efficaces permettent de traiter et de soigner les ongles fragiles et cassants. Avantage supplémentaire : ces solutions « maison » permettent d'éviter les produits du commerce qui, vendus parfois à prix d'or, intègrent souvent des composants douteux ou dangereux pour la santé.

1. Pour renforcer les ongles cassants, trempez-les régulièrement dans de l'eau chaude additionnée de vinaigre. En plus, cela les blanchira naturellement.

2. Vous pouvez aussi doper vos ongles fragiles grâce au jus de citron. Appliquez du jus de citron jaune directement sur vos ongles (mains ou pieds), laissez agir pendant quelques instants et séchez. Évitez de vous rincer les mains juste à la fin de ce petit traitement à répéter deux fois par jour, pendant une quinzaine de jours.

3. Vous pouvez aussi verser 20 g de sel fin dans un bol et y mélanger 10 g de borax (un excellent antiseptique et un puissant détergent naturel), un jus de citron jaune et 50 cl d'eau de rose. Laissez reposer pendant 24 heures, puis massez vos ongles chaque soir avec cette préparation. Conservez cette préparation dans un flacon opaque et fermant hermétiquement.

•

En lune décroissante, faites très attention aux excès alimentaires qui risquent de faire encore plus pencher la balance qu'en d'autres périodes. Par contre, c'est une bonne période pour vous attaquer à quelques kilos superflus ou pour entamer un régime minceur qui se montrera fort efficace.

Le saviez-vous ? Peu esthétiques, les ongles cassants sont surtout le signe de certains déséquilibres de l'organisme, comme un manque de vitamines et/ou de minéraux notamment.

Date	Notes :	Rendez-vous :
Lundi 15 août Assomption		
Mardi 16 août St Armel		
Mercredi 17 août St Hyacinthe		
Jeudi 18 août Ste Hélène		
Vendredi 19 août St Jean-Eudes		
Samedi 20 août St Bernard		
Dimanche 21 août St Christophe		

« La véritable amitié sait être lucide quand il faut, aveugle quand elle doit. »
Francis Blanche

♈ Bélier ♉ Taureau ♊ Gémeaux ♋ Cancer ♌ Lion ♍ Vierge ♎ Balance ♏ Scorpion ♐ Sagittaire ♑ Capricorne ♒ Verseau ♓ Poissons

Date	Lune	Zodiaque
Lundi 22 août	A à 23 h 52 ; 17h08 L. m. ; lune descendante	3 h 28 ♊
Mardi 23 août	lune descendante	
Mercredi 24 août	lune descendante	9 h 54 ♋
Jeudi 25 août	lune descendante	
Vendredi 26 août	lune descendante	0 h 30 ♌
Samedi 27 août	● à 10 h 17 ; lune descendante	
Dimanche 28 août	lune descendante	21 h 26 ♍

Santé, beauté, bien-être

Après la pleine lune, notre corps entame un processus d'élimination favorisant le drainage et la détoxification de l'organisme. C'est une bonne période pour entamer un régime amincissant : ses effets seront visibles plus vite qu'en d'autres moments.
Pendant la période qui court de la pleine lune à la nouvelle lune (soit environ deux semaines), il est nettement plus facile de perdre quelques petits kilos « en trop » car l'élimination des toxines est favorisée. Avantage supplémentaire : comme il a fait le plein d'énergie au cours de la période précédente, l'organisme s'affaiblit moins.

INFO SANTÉ Le citron comme coupe-faim

Bonne nouvelle ! Peu calorique et délicieux au goût, le citron se positionne aussi comme un excellent coupe-faim naturel grâce à la pectine qu'il contient.
Si vous désirez modérer votre appétit sans avoir recours à des produits « coupe-faim » chimiques (même ceux vendus en pharmacie), buvez systématiquement quelques minutes avant chaque repas un verre d'eau froide additionnée de jus de citron fraîchement pressé.

La lune croissante est une bonne période pour traiter la peau en profondeur. La circulation sanguine de la peau est bonne. Celle-ci est donc plus souple, moins sensible aux rougeurs et autres tiraillements.

Le saviez-vous ? Composé à 90 % d'eau, le citron est peu calorique, mais regorge de fibres, vitamines, oligoéléments, minéraux… C'est l'un des champions de la vitamine C, devant l'orange ou le pamplemousse.

Date	Notes :	Rendez-vous :
Lundi 22 août St Fabrice		
Mardi 23 août Ste Rose de Lima		
Mercredi 24 août St Barthélemy		
Jeudi 25 août St Louis		
Vendredi 26 août Ste Natacha		
Samedi 27 août Ste Monique		
Dimanche 28 août St Augustin		

« Tous les jours et à tout point de vue, je vais de mieux en mieux. » Émile Coué

♈ Bélier ♉ Taureau ♊ Gémeaux ♋ Cancer ♌ Lion ♍ Vierge ♎ Balance ♏ Scorpion ♐ Sagittaire ♑ Capricorne ♒ Verseau ♓ Poissons

Date	Lune	Zodiaque
Lundi 29 août		♍
Mardi 30 août		
Mercredi 31 août		
Jeudi 1er septembre	ND à 23 h 12	9 h 25 ♎
Vendredi 2 septembre		
Samedi 3 septembre	◗ à 20 h 07	0 h 00 ♏
Dimanche 4 septembre		22 h 28 ♐

lune descendante

Santé, beauté, bien-être

Lorsque la lune croissante se trouve en Taureau, Vierge ou Capricorne, c'est le moment de prendre des vitamines, des minéraux et des préparations à base de fer. Votre corps les assimilera et les utilisera de manière optimale. Les fruits et les légumes de qualité biologique en contiennent naturellement une grande quantité. Si vous êtes carencé en fer, vous devez aussi prendre du cuivre car sans cet élément, l'organisme est incapable d'assimiler le fer.

INFO SANTÉ Les aliments riches en fer

Le fer est un précieux allié pour l'organisme. Sans lui, anémie et fatigue sont au rendez-vous.

1. Les spécialistes s'accordent à reconnaître qu'un apport quotidien de 18 mg pour les adolescentes et les femmes, et de 9 mg pour les hommes est parfait. Le nouveau-né est un peu plus exigeant, avec un besoin de 20 mg par jour.

2. Le fer se retrouve à l'état naturel dans de nombreux aliments. Les abats se retrouvent sur la première marche du podium (près de 23 mg de fer pour 100 g de produit), suivis par les viandes rouges (qui contiennent deux fois plus de fer que les viandes blanches ou la volaille) et les crustacés.

3. De nombreux aliments d'origine végétale sont aussi d'excellents pourvoyeurs de fer : algues, légumes secs, cacao, thym et épices (curry, gingembre…).

INFO SANTÉ Une eau 100 % healthy, 100 % détox

Naturelle, savoureuse et rafraîchissante : voici une super-boisson détox à préparer à la maison !

1. Coupez un citron jaune, un citron vert et un demi-concombre en fines rondelles. Mettez-les dans une carafe.

2. Ajoutez le jus d'un citron et quelques feuilles de menthe fraîche.

3. Remplissez la carafe d'eau et de glaçons.

4. Dégustez et profitez des bienfaits de cette boisson originale.

Le saviez-vous ? Popeye avait tout faux ! L'épinard, avec 2,7 mg de fer/100 g de feuilles, n'est pas – et de loin ! – l'aliment le plus riche en fer.

Date	Notes :	Rendez-vous :
Lundi 29 août Ste Sabine		
Mardi 30 août St Fiacre		
Mercredi 31 septembre St Aristide		
Jeudi 1er août St Gilles		
Vendredi 2 septembre Ste Ingrid		
Samedi 3 septembre St Grégoire		
Dimanche 4 septembre Ste Rosalie		

« Il n'y a pas de gens sans valeur, il n'y a que des gens qui ne savent pas ce qu'ils valent. »

♈ Bélier ♉ Taureau ♊ Gémeaux ♋ Cancer ♌ Lion ♍ Vierge ♎ Balance ♏ Scorpion ♐ Sagittaire ♑ Capricorne ♒ Verseau ♓ Poissons

Date	Lune	Zodiaque	Santé, beauté, bien-être
Lundi 5 septembre	▲ L. d. 15 h 51	♐	Période d'assimilation et d'absorption, la lune croissante est une période idéale pour stimuler l'organisme. Notamment grâce à la prise de vitamines naturelles (elles seront mieux assimilées qu'en d'autres périodes), d'oligoéléments ou de compléments phytothérapeutiques.
Mardi 6 septembre	▲ lune montante		La lune croissante est par contre plus délicate dès que l'on envisage la ligne et le mouvement de l'aiguille sur la balance. Cette période est favorable à la prise de poids et il faut donc faire particulièrement attention aux excès alimentaires en tous genres et aux petits grignotages. Dans le même contexte, ce n'est pas le bon moment pour commencer un régime minceur de quelque sorte que ce soit : ce régime va infliger à l'organisme une fatigue supplémentaire qui n'est jamais bonne.
Mercredi 7 septembre	▲ P à 20 h 18	4 h 01 ♑	
Jeudi 8 septembre	▲		La lune croissante est aussi une période déconseillée pour effectuer une opération de chirurgie (sauf en cas d'accident ou d'urgence médicale, bien entendu), pour procéder à divers soins dentaires (plombages, bridges, extractions, implants, couronnes…) ou pour se lancer dans un drainage lymphatique.
Vendredi 9 septembre	▲	0 h 10 ♒	En lune croissante, offrez-vous un massage tonifiant : il vous fera énormément d'effet et de bien.
			La lune croissante correspond à la phase préovulatoire de la femme.
Samedi 10 septembre	▲ ○ à 11 h 59		Attention : la lune croissante est propice aux problèmes rhumatismaux, circulatoires et veineux.
Dimanche 11 septembre	▼	4 h 54 ♓	

Le saviez-vous ? Si vos pensées sont positives, elles vous conduiront au bonheur. Alors, sus aux idées noires !

Date	Notes :	Rendez-vous :
Lundi 5 septembre Ste Raïssa		
Mardi 6 septembre St Bertrand		
Mercredi 7 septembre Ste Reine		
Jeudi 8 septembre St Adrien		
Vendredi 9 septembre St Alain		
Samedi 10 septembre Ste Inès		
Dimanche 11 septembre St Adelphe		

« Le bonheur, c'est l'harmonie des pensées, des paroles et des actions. » Gandhi

♈ Bélier ♉ Taureau ♊ Gémeaux ♋ Cancer ♌ Lion ♍ Vierge ♎ Balance ♏ Scorpion ♐ Sagittaire ♑ Capricorne ♒ Verseau ♓ Poissons

Date	Lune	Zodiaque
Lundi 12 septembre		♓
Mardi 13 septembre		15 h 17 ♈
Mercredi 14 septembre	NA à 16 h 48	
Jeudi 15 septembre	lune montante	12 h 58 ♉
Vendredi 16 septembre		
Samedi 17 septembre	◗ à 23 h 51	
Dimanche 18 septembre		10 h 59 ♊

Santé, beauté, bien-être

Pendant la lune décroissante, il convient de libérer l'énergie accumulée lors de la phase croissante. Pour cela, marchez un peu plus.

INFO SANTÉ **Quelques astuces pour faire 10.000 pas par jour**

L'Organisation mondiale de la Santé (OMS) recommande de faire environ 10 000 pas par jour. Vous n'y arrivez que très rarement ? Voici quelques astuces pour faire facilement grimper le compteur…

1. Réalisez les petits trajets à pied. Allez chercher le pain en enfilant vos baskets plutôt qu'en montant en voiture.

2. Empruntez les escaliers plutôt que l'ascenseur ou l'escalator qui sont de belles avancées technologiques, mais les délaisser au profit de l'escalier ne fait jamais de mal.

3. Garez-vous un peu plus loin. Vous vivez trop loin de votre travail pour vous déplacer à pied ? Garez-vous un peu plus loin qu'habituellement et faites le reste du trajet à pied, en délaissant la voiture. Si vous prenez les transports en commun, descendez un arrêt plus tôt.

4. Faites des pauses. Prenez l'habitude de vous lever toutes les heures pour marcher un petit peu. L'idéal est d'effectuer 250 pas à chaque pause.

5. Faites une promenade digestive. Après votre pause de midi, faites un petit tour de quartier durant une dizaine de minutes.

6. Allongez un peu le chemin. Empruntez un nouvel itinéraire qui rallonge votre trajet. Il vous fera en outre découvrir de nouveaux coins.

7. Promenez votre chien au moins 2 ou 3 fois par jour. Dix à quinze minutes de promenade canine, ce sont 3 000 à 4 000 pas supplémentaires.

8. Ayez la bougeotte. Lorsque vous attendez le bus, le tram ou le train, lorsque vous téléphonez, marchez au lieu d'attendre sans rien faire.

La lune décroissante (sauf lorsque l'astre se trouve en Poissons) est le moment idéal pour éliminer les callosités. Si vous respectez le bon moment, la peau reste plus longtemps douce et souple, la corne ne sera pas aussi épaisse lorsqu'elle repoussera.

Le saviez-vous ? La lune décroissante favorise la spiritualité, la réflexion et l'intériorisation.

Date	Notes :	Rendez-vous :
Lundi 12 septembre St Apollinaire		
Mardi 13 septembre St Aimé		
Mercredi 14 septembre St Materne		
Jeudi 15 septembre St Roland		
Vendredi 16 septembre Ste Édith		
Samedi 17 septembre St Renaud		
Dimanche 18 septembre Ste Nadège		

« On peut aussi bâtir quelque chose de beau avec les pierres qui entravent le chemin. » Johann Wolfgang von Goethe

♈ Bélier ♉ Taureau ♊ Gémeaux ♋ Cancer ♌ Lion ♍ Vierge ♎ Balance ♏ Scorpion ♐ Sagittaire ♑ Capricorne ♒ Verseau ♓ Poissons

Date	Lune	Zodiaque
Lundi 19 septembre	A à 16 h 43 — lune descendante (0 h 11)	♊
Mardi 20 septembre		17 h 18 ♋
Mercredi 21 septembre		
Jeudi 22 septembre		7 h 57 ♌
Vendredi 23 septembre Équinoxe		
Samedi 24 septembre		
Dimanche 25 septembre	● à 23 h 54	4 h 35 ♍

Santé, beauté, bien-être

La lune décroissante est une période qui va favoriser la cicatrisation des plaies. Cette cicatrisation sera plus efficace et plus rapide.

LE REMÈDE De l'huile essentielle pour mieux cicatriser

En cas de coupure ou de légère blessure, un petit traitement simple et rapide à base d'huile essentielle va aider à une meilleure cicatrisation.

1. Appliquez deux gouttes d'huile essentielle d'hélichryse (un extraordinaire anti-hématome, excellent cicatrisant cutané et anti-inflammatoire reconnu) sur la zone à traiter.

2. Massez doucement.

3. Répétez ce traitement chaque jour, à raison de trois fois par jour, jusqu'à complète cicatrisation.

•

En lune décroissante, pensez à vous faire du bien sur le plan émotionnel et spirituel aussi. La période est en effet favorable à la réflexion et à l'intériorisation.

•

En lune descendante, soignez votre peau. Nourrissez-la si elle a besoin d'hydratation et offrez-lui un peeling.

LE REMÈDE Doux ou raffermissant : place au peeling !

1. Pour un peeling doux, mélangez 2 cl de jus d'aloe vera avec une cuillerée à soupe d'argile verte en poudre. Appliquez la préparation pâteuse obtenue sur le visage et le cou, en massant délicatement. Laissez agir pendant une dizaine de minutes, puis rincez à l'eau tiède. Répétez ce traitement chaque semaine.

2. Pour un peeling raffermissant, rassemblez de la pulpe fraîche d'aloe vera (riche en vitamines, en enzymes, en saponine, en minéraux, en acides gras essentiels…) et du sel de l'Himalaya (d'une pureté sans équivalent et très riche en minéraux : calcium, potassium, magnésium…), en comptant une cuillerée à café de sel par morceau de pulpe d'aloe vera. Appliquez aussitôt la préparation sur les zones à traiter, en massant légèrement par mouvements circulaires. Laissez agir pendant cinq minutes, puis rincez abondamment à l'eau tiède et séchez-vous.

Le saviez-vous ? L'huile essentielle d'hélichryse se trouve dans les boutiques spécialisées. Elle doit toujours être 100 % naturelle et biologique.

Date	Notes :	Rendez-vous :
Lundi 19 septembre Ste Émilie		
Mardi 20 septembre St Davy		
Mercredi 21 septembre St Matthieu		
Jeudi 22 septembre St Maurice		
Vendredi 23 septembre Automne		
Samedi 24 septembre Ste Thècle		
Dimanche 25 septembre St Hermann		

« Le respect mutuel est le fondement de la véritable harmonie. » Dalaï-Lama

♈ Bélier ♉ Taureau ♊ Gémeaux ♋ Cancer ♌ Lion ♍ Vierge ♎ Balance ♏ Scorpion ♐ Sagittaire ♑ Capricorne ♒ Verseau ♓ Poissons

Date	Lune	Zodiaque	Santé, beauté, bien-être
Lundi 26 septembre	lune descendante	♍	Bonne nouvelle ! La lune descendante est une période d'apaisement des phénomènes inflammatoires, des sensations de chaleur et des congestions inconfortables.
Mardi 27 septembre	lune descendante		La lune croissante permet de stimuler l'organisme notamment par l'utilisation de vitamines naturelles (elles seront mieux assimilées qu'en d'autres périodes), d'oligoéléments ou de compléments phytothérapeutiques.
Mercredi 28 septembre	lune descendante	15 h 21 ♎	La lune croissante est aussi une période idéale pour pratiquer des massages tonifiants particulièrement efficaces.
Jeudi 29 septembre	ND à 1 h 42		La lune croissante est conseillée pour débuter une cure de probiotiques permettant de renforcer le système immunitaire.
Vendredi 30 septembre	lune descendante	5 h 29 ♏	
Samedi 1er octobre	lune descendante		
Dimanche 2 octobre	L. m. 21 h 28	4 h 00 ♐	

BON À SAVOIR DES BACTÉRIES VIVANTES INDISPENSABLES À NOTRE SANTÉ

1. L'intestin recèle en moyenne 100.000 milliards de bactéries de 400 espèces différentes. Cette flore microbienne contribue au bon fonctionnement des systèmes digestifs et immunitaires. Infection, stress prolongé, maladie, prise d'antibiotiques… sont des facteurs qui perturbent la composition de cette flore, avec des incidences plus ou moins graves sur la santé. Il est important d'entretenir, voire de renforcer, la flore microbienne. Les probiotiques entrent en scène.
2. Les probiotiques sont des bactéries vivantes qui exercent un effet bénéfique sur la santé en modifiant la flore de l'intestin pour favoriser les bonnes bactéries au détriment des mauvaises.
3. Ils agissent de plusieurs manières : modulation du système immunitaire, renforcement de la muqueuse intestinale, action antimicrobienne et anticancéreuse, action sur le système digestif.
4. Il n'y a pas de consensus sur la dose et la fréquence à laquelle les probiotiques doivent être consommés. On parle habituellement d'une dose journalière de 1 milliard de bactéries probiotiques, avec des cures de 10 jours/mois. Une consommation régulière et espacée est meilleure qu'une consommation continue.

Le saviez-vous ? Le vent emporte la fine couche d'air qui sert d'isolant entre la peau et l'air ambiant.

Date	Notes :	Rendez-vous :
Lundi 26 septembre Ste Côme, Damien		
Mardi 27 septembre St Vincent de Paul		
Mercredi 28 septembre St Venceslas		
Jeudi 29 septembre St Michel		
Vendredi 30 septembre St Jérôme		
Samedi 1er octobre S^te^ Th. de l'E.-J.		
Dimanche 2 octobre St Léger		

« Celui qui est de bonne humeur rend son entourage de meilleure humeur. »

♈ Bélier ♉ Taureau ♊ Gémeaux ♋ Cancer ♌ Lion ♍ Vierge ♎ Balance ♏ Scorpion ♐ Sagittaire ♑ Capricorne ♒ Verseau ♓ Poissons

Date	Lune	Zodiaque
Lundi 3 octobre	▲ Premier quartier à 2 h 13	♐
Mardi 4 octobre	▲ P à 18 h 33	10 h 34 ♑
Mercredi 5 octobre	▲	
Jeudi 6 octobre	▲	8 h 00 ♒
Vendredi 7 octobre	▲	
Samedi 8 octobre	▲	13 h 59 ♓
Dimanche 9 octobre	▲ Pleine lune à 22 h 54	

lune montante

Santé, beauté, bien-être

En lune croissante, coupez vos ongles des pieds et des mains si vous voulez qu'ils repoussent plus vite.

•

Vous avez la peau sèche ? Ou particulièrement sensible ? La lune montante est une bonne période pour prendre soin de l'une et de l'autre.

LE REMÈDE SAVON SPÉCIAL PEAU SÈCHE

Si vous avez la peau sèche, celle-ci mérite toute votre attention et tous vos soins. Ce savon liquide « maison » lui conviendra à merveille.

1. Dans un grand bol, mélangez soigneusement 1 tasse d'eau, 1 tasse d'huile d'olive vierge extra, 1 tasse de miel liquide et 4 cuillerées à soupe de savon liquide de Castille.

2. Mélangez jusqu'à obtention d'une préparation parfaitement homogène.

3. Utilisé régulièrement, ce savon liquide « maison » est idéal pour réhydrater une peau sèche.

Le saviez-vous ? Le vrai savon de Castille contient toujours 100 % d'huile d'olive. Il présente entre autres l'avantage de ne pas obstruer les pores de la peau qui peut ainsi respirer librement.

Date	Notes :	Rendez-vous :
Lundi 3 octobre St Gérard		
Mardi 4 octobre St Fr. d'Assise		
Mercredi 5 octobre Ste Fleur		
Jeudi 6 octobre St Bruno		
Vendredi 7 octobre St Serge		
Samedi 8 octobre Ste Pélagie		
Dimanche 9 octobre St Denis		

« Soyez vous-même, tous les autres sont déjà. » Oscar Wilde

♈ Bélier ♉ Taureau ♊ Gémeaux ♋ Cancer ♌ Lion ♍ Vierge ♎ Balance ♏ Scorpion ♐ Sagittaire ♑ Capricorne ♒ Verseau ♓ Poissons

Date	Lune	Zodiaque
Lundi 10 octobre	lune montante	♓
Mardi 11 octobre	NA à 23 h 48	0 h 23 ♈
Mercredi 12 octobre		
Jeudi 13 octobre		22 h 01 ♉
Vendredi 14 octobre		
Samedi 15 octobre		
Dimanche 16 octobre	8 h 14 l. d.	19 h 11 ♊

Santé, beauté, bien-être

C'est le moment d'hydrater et de nourrir les peaux sensibles et sèches. Il faut restaurer le film lipidique qui vous protège de la plupart des agressions extérieures. La lune montante, associée aux huiles essentielles, permet de mieux matifier les peaux mixtes et favorise l'hydratation des peaux normales.

LA RECETTE Masque hydratant

Fraises, huile essentielle de jasmin et yaourt font un superbe masque hydratant.

1. Nettoyez et équeutez six fraises fraîches avant de les couper en petits morceaux.

2. Mettez les fraises dans un plat creux, ajoutez-y un yaourt nature aux ferments actifs. Mélangez à la cuillère.

3. Incorporez cinq gouttes d'huile essentielle de jasmin, puis versez un petit filet d'eau pour que le mélange ne soit pas trop épais.

4. Mixez au batteur électrique jusqu'à obtention d'une préparation homogène et crémeuse.

5. Appliquez-la en masque sur le visage et le cou. Laissez agir pendant un quart d'heure avant de rincer à l'eau tiède.

Cette préparation naturelle doit être appliquée dès qu'elle est prête. L'huile essentielle de jasmin est importante : c'est elle qui apporte une action apaisante et revitalisante. Elle a aussi la réputation d'être antirides et antirougeurs.

Si vous avez la peau grasse, privilégiez les soins en lune décroissante, notamment pour démarrer les traitements contre l'acné et les points noirs. C'est le moment parfait pour intervenir sur les boutons.

LE REMÈDE Du citron contre les points noirs

1. Chaque soir, trempez un coton propre dans du jus de citron jaune et appliquez immédiatement sur les points noirs à éliminer.

2. Laissez agir toute la nuit.

3. Procédez chaque soir, jusqu'à disparition des points noirs.

En lune descendante et décroissante, la période est excellente pour penser à teindre les cheveux : la coloration tiendra mieux et durera plus longtemps.

Le saviez-vous ? Le sébum, en l'acidifiant, protège la peau des agressions extérieures.

Date	Notes :	Rendez-vous :
Lundi 10 octobre St Ghislain		
Mardi 11 octobre St Firmin		
Mercredi 12 octobre St Wilfried		
Jeudi 13 octobre St Géraud		
Vendredi 14 octobre St Juste		
Samedi 15 octobre S^{te} Th. d'Avila		
Dimanche 16 octobre Ste Edwige		

« Le paradis n'est pas un lieu, c'est un état d'âme. » Georges Barbarin

♈ Bélier ♉ Taureau ♊ Gémeaux ♋ Cancer ♌ Lion ♍ Vierge ♎ Balance ♏ Scorpion ♐ Sagittaire ♑ Capricorne ♒ Verseau ♓ Poissons

Date	Lune	Zodiaque
Lundi 17 octobre	A à 12 h 20 ; [dernier quartier] à 19 h 15 ; lune descendante	♊
Mardi 18 octobre	lune descendante	1 h 21 ♋
Mercredi 19 octobre	lune descendante	16 h 13 ♌
Jeudi 20 octobre	lune descendante	
Vendredi 21 octobre	lune descendante	
Samedi 22 octobre	lune descendante	13 h 15 ♍
Dimanche 23 octobre	lune descendante	

Santé, beauté, bien-être

Vent, froid, pollution atmosphérique, produits cosmétiques industriels… agressent quotidiennement votre peau qui n'en demande pas tant. Profitez de la lune descendante pour la soigner et lui redonner toute sa douceur. Elle le mérite… et vous aussi !

Toujours en lune descendante, n'oubliez pas de nourrir votre peau si elle a besoin d'hydratation.

LE REMÈDE Miel et huile d'olive : des ingrédients-clés pour réhydrater votre peau

Si vous avez la peau sèche et si vous voulez la réhydrater (ce qui lui fera le plus grand bien), voici un remède naturel infaillible !

1. Dans l'eau tiède de votre bain, ajoutez cinq cents grammes de miel préalablement dilué dans de l'eau chaude.

2. Ajoutez aussi deux cents à trois cents grammes de sel de mer, cent grammes de bicarbonate de soude, quatre litres de lait et dix centilitres d'huile d'olive vierge extra.

3. Mélangez le tout dans l'eau de la baignoire, puis plongez-vous dans ce bain qui s'avèrera aussi relaxant que réhydratant.

4. Profitez-en pendant environ un quart d'heure, en tout cas tant que l'eau reste à une température agréable. Ensuite, sortez du bain et séchez-vous.

En lune décroissante, faites très attention aux excès alimentaires qui risquent de faire encore plus pencher la balance qu'en d'autres périodes. Par contre, c'est une bonne période pour vous attaquer à quelques kilos superflus ou pour entamer un régime minceur qui se montrera fort efficace.

La lune décroissante (sauf en Bélier ou Taureau) est le bon moment pour des interventions dentaires : plombages, couronnes, bridges et implants. C'est aussi le bon moment pour les extractions dentaires, les opérations de la mâchoire et les détartrages. Les saignements seront alors moins abondants, la guérison plus rapide et le risque de complication moindre.

Le saviez-vous ? Les Français consomment 40 000 tonnes de miel chaque année, soit 600 g/personne en moyenne.

Date	Notes :	Rendez-vous :
Lundi 17 octobre St Baudouin		
Mardi 18 octobre St Luc		
Mercredi 19 octobre St René		
Jeudi 20 octobre Ste Adeline		
Vendredi 21 octobre Ste Céline		
Samedi 22 octobre Ste Élodie		
Dimanche 23 octobre St J. de Capistran		

« Chaque jour est un nouveau départ. »

♈ Bélier ♉ Taureau ♊ Gémeaux ♋ Cancer ♌ Lion ♍ Vierge ♎ Balance ♏ Scorpion ♐ Sagittaire ♑ Capricorne ♒ Verseau ♓ Poissons

Date	Lune	Zodiaque	Santé, beauté, bien-être
Lundi 24 octobre	▼ lune descendante	♍	Si vous avez la peau grasse, privilégiez les soins en lune décroissante, notamment pour démarrer les traitements contre l'acné et les points noirs. C'est le moment parfait pour intervenir sur les boutons.
Mardi 25 octobre	▼ ● à 12 h 48	23 h 09 ♎	La nouvelle lune, fin de la période décroissante, correspond à l'hiver. La peau a besoin d'être stimulée et la circulation sanguine dynamisée. Profitez-en pour faire des gommages.
Mercredi 26 octobre	▲ ND à 8 h 30		La lune croissante est une très bonne période pour stimuler l'organisme, notamment grâce à la prise de vitamines naturelles qui seront parfaitement bien assimilées, d'oligoéléments, de compléments phytothérapeutiques... C'est le moment de donner un coup de booster à l'organisme !
Jeudi 27 octobre	▲	12 h 22 ♏	La lune croissante est une période favorable à la prise de poids. Plus qu'en d'autres moments, il convient de faire très attention aux petits grignotages particulièrement dangereux pour la ligne. Dans le même ordre d'idées, ce n'est pas une bonne période pour entamer un régime minceur : celui-ci va fatiguer l'organisme plus que nécessaire.
Vendredi 28 octobre	▲		
Samedi 29 octobre	▲ P à 16 h 35	9 h 49 ♐	
Dimanche 30 octobre	▲ 2 h 04 lune mont.		

Le saviez-vous ? Pendant les nœuds lunaires, pensez uniquement à vous chouchouter !

Date	Notes :	Rendez-vous :
Lundi 24 octobre St Florentin		
Mardi 25 octobre St Crépin		
Mercredi 26 octobre St Dimitri		
Jeudi 27 octobre Ste Émeline		
Vendredi 28 octobre Sts Simon, Jude		
Samedi 29 octobre St Narcisse		
Dimanche 30 octobre St Bienvenu		

« Un sourire coûte moins cher que l'électricité,
mais il donne autant de lumière. » L'Abbé Pierre

♈ Bélier ♉ Taureau ♊ Gémeaux ♋ Cancer ♌ Lion ♍ Vierge ♎ Balance ♏ Scorpion ♐ Sagittaire ♑ Capricorne ♒ Verseau ♓ Poissons

Date	Lune	Zodiaque
Lundi 31 octobre	lune montante	♐ 14 h 54 ♑
Mardi 1er novembre	☽ à 7 h 37	
Mercredi 2 novembre		12 h 49 ♒
Jeudi 3 novembre		
Vendredi 4 novembre		20 h 02 ♓
Samedi 5 novembre		
Dimanche 6 novembre		

Santé, beauté, bien-être

La lune croissante est par contre une bonne période pour prendre soin de vos cheveux, surtout s'ils ont tendance à être gras. Pendant cette période, le sébum est en effet moins stimulé.

LE REMÈDE LA NATURE AU SECOURS DES CHEVEUX GRAS

Il existe plusieurs méthodes naturelles très efficaces pour traiter et soigner les cheveux gras.

1. Une première méthode fait appel au sel gris fin. Il suffit d'ajouter une demi-cuillerée à café de ce sel à votre shampoing habituel (de préférence doux et bio). Lavez-vous les cheveux comme vous le faites habituellement, en massant légèrement le cuir chevelu. Laissez agir pendant quelques minutes, puis rincez-vous généreusement.

2. Une deuxième méthode efficace consiste à saupoudrer les cheveux avec deux généreuses cuillerées à soupe de sel gris fin. Laissez agir pendant une vingtaine de minutes, puis brossez-vous soigneusement les cheveux pour éliminer le sel. Ce remède joue sur les vertus assainissantes du sel, utilisé comme un shampoing sec très facile d'emploi.

LA RECETTE DE L'ORTIE POUR LES CHEVEUX GRAS

Loin d'être une « mauvaise herbe » à éradiquer à tout prix, l'ortie est une plante précieuse, tant pour la santé que pour la beauté. En ayant la capacité de réguler l'excès de sébum, l'ortie séchée est très bénéfique pour les cheveux gras.

1. Versez deux généreuses cuillerées à soupe d'ortie séchée dans 1,5 litre d'eau bouillante.

2. Mélangez bien, puis laissez tranquillement infuser pendant un quart d'heure.

3. Filtrez soigneusement la préparation.

4. Utilisez-la ensuite, encore tiède, en dernière eau de rinçage lors de chaque shampoing.

Sauf en cas d'accident ou de véritable urgence, la lune croissante est une période déconseillée pour la majorité des interventions chirurgicales (tête, yeux, mâchoire inférieure ou supérieure, poumons, poitrine, cœur, jambes, système digestif, colonne vertébrale, peau, organes génitaux, pieds, hanches, reins…).

Le saviez-vous ? Les cheveux gras sont causés par un dérèglement des glandes sébacées. Il peut avoir diverses causes : dérèglement hormonal, shampoing inadapté, mauvaise hygiène de vie…

Date	Notes :	Rendez-vous :
Lundi 31 octobre St Quentin		
Mardi 1er novembre Toussaint		
Mercredi 2 novembre Défunts		
Jeudi 3 novembre St Hubert		
Vendredi 4 novembre St Charles		
Samedi 5 novembre Ste Sylvie		
Dimanche 6 novembre Ste Bertille		

« La patience est l'art de trouver autre chose à faire. » Groucho Marx

♈ Bélier ♉ Taureau ♊ Gémeaux ♋ Cancer ♌ Lion ♍ Vierge ♎ Balance ♏ Scorpion ♐ Sagittaire ♑ Capricorne ♒ Verseau ♓ Poissons

Date	Lune	Zodiaque	Santé, beauté, bien-être
Lundi 7 novembre	lune montante	♓ 7 h 36 ♈	C'est la lune croissante : faites d'autant plus attention aux excès alimentaires et aux grignotages qui se paieront cash sur la balance. Cette période est en effet favorable à la prise de poids. Dans le même ordre d'idées, évitez de débuter un régime minceur.
Mardi 8 novembre	NA à 7 h 07 ; ○ à 12 h 02		La pleine lune favorise la détoxification du corps en agissant sur les fluides corporels et en provoquant des micromarées intérieures.
Mercredi 9 novembre		5 h 31 ♉	La pleine lune apparaît dans le ciel quatorze jours après le début du cycle lunaire. Ses effets peuvent se ressentir pendant deux ou trois jours. L'énergie est à son maximum. La clarté de la nuit favorise la veille, perturbe l'endormissement et la qualité du sommeil.
Jeudi 10 novembre			**LE REMÈDE** COMBATTRE LA FATIGUE Voici une infusion pour retrouver tout votre tonus ! **1.** Dans une grande tasse d'eau bouillante, faites infuser une cuillerée à café de thym séché. Laissez tiédir cette préparation. **2.** Incorporez alors une cuillerée à soupe de miel de châtaignier. **3.** Buvez aussitôt.
Vendredi 11 novembre			
Samedi 12 novembre	15 h 20 ; l. descendante	2 h 22 ♊	Pendant la lune décroissante, il est aussi bon de libérer l'énergie accumulée lors de la phase croissante et pendant la pleine lune. Le corps commence sa phase d'élimination des toxines et des déchets accumulés.
Dimanche 13 novembre			

Le saviez-vous ? La pleine lune est la période lumineuse du cycle. On est alors rempli d'énergie !

Date	Notes :	Rendez-vous :
Lundi 7 novembre Ste Carine		
Mardi 8 novembre St Geoffroy		
Mercredi 9 novembre St Théodore		
Jeudi 10 novembre St Léon		
Vendredi 11 novembre Armistice 1918		
Samedi 12 novembre St Christian		
Dimanche 13 novembre St Brice		

« Je mérite l'amour et le bonheur. »

♈ Bélier ♉ Taureau ♊ Gémeaux ♋ Cancer ♌ Lion ♍ Vierge ♎ Balance ♏ Scorpion ♐ Sagittaire ♑ Capricorne ♒ Verseau ♓ Poissons

Date	Lune	Zodiaque
Lundi 14 novembre	A à 7 h 39	♊ 8 h 23 ♋
Mardi 15 novembre		
Mercredi 16 novembre	◐ à 14 h 27	23 h 30 ♌
Jeudi 17 novembre		
Vendredi 18 novembre		21 h 36 ♍
Samedi 19 novembre		
Dimanche 20 novembre		

lune descendante

Santé, beauté, bien-être

La lune décroissante est le moment idéal pour effectuer des nettoyages de la peau en profondeur, des hammams et des saunas.

INFO SANTÉ **Le hammam : bon pour le corps et l'esprit**

Tout à la fois lieu de détente et de bien-être, le hammam présente de nombreuses vertus parfois méconnues.

1. Le hammam permet de se relaxer complètement, libérant le corps et l'esprit du stress et des soucis du quotidien.

2. Le hammam facilite la respiration et ouvre les sinus, grâce à l'inspiration de la vapeur d'eau chaude souvent additionnée d'eucalyptus ou de sauge.

3. La chaleur du hammam ouvre les pores de la peau par effet de dilatation. Ainsi, l'épiderme peut éliminer les toxines du corps.

4. Le hammam améliore la circulation sanguine grâce à l'alternance du bain turc (vasodilatateur) et de la douche ou du bain froid (vasoconstricteur).

5. La douche ou le bain d'eau froide pris après le hammam a un puissant effet revigorant et vivifiant.

Pour les peaux grasses ou très sensibles, c'est encore la bonne période pour effectuer des soins : la peau ne sera pas surchargée et n'accentuera pas l'excès de sébum.

LE REMÈDE **Traiter l'acné naturellement**

De nombreux remèdes naturels, moins onéreux, plus inoffensifs et aussi efficaces que les produits chimiques du commerce, permettent de résoudre ou d'atténuer les problèmes d'acné.

1. Un premier remède fait appel à la lavande. Faites tiédir 30 cl de vinaigre de cidre et transvasez dans un récipient contenant déjà 2 cuillerées à soupe de chacun des ingrédients suivants : fleurs et feuilles de lavande, fleurs et feuilles de sauge. Fermez hermétiquement et laissez macérer pendant deux semaines. Filtrez la préparation et transvasez-la dans un flacon propre. Appliquez-la chaque jour sur les zones à traiter à l'aide d'un coton propre.

2. Un autre remède fait appel à l'aloe vera. Coupez un morceau de feuille d'aloe vera et tranchez-le par le milieu. Après vous être lavé le visage à l'eau tiède, passez le côté pulpe du morceau d'aloe vera, préalablement imbibé de quelques gouttes d'huile végétale, sur les zones à traiter.

Le saviez-vous ? L'acné est un problème de peau fréquent qui n'a rien à voir avec un manque d'hygiène.

Date	Notes :	Rendez-vous :
Lundi 14 novembre St Sidoine		
Mardi 15 novembre St Albert		
Mercredi 16 novembre Ste Marguerite		
Jeudi 17 novembre Ste Élisabeth		
Vendredi 18 novembre Ste Aude		
Samedi 19 novembre St Tanguy		
Dimanche 20 novembre St Edmond		

« La bonne humeur est une habitude. Cultivez-la ! »

♈ Bélier ♉ Taureau ♊ Gémeaux ♋ Cancer ♌ Lion ♍ Vierge ♎ Balance ♏ Scorpion ♐ Sagittaire ♑ Capricorne ♒ Verseau ♓ Poissons

Date	Lune	Zodiaque
Lundi 21 novembre	▼ lune descendante	♍
Mardi 22 novembre	▼ ND à 17 h 23	8 h 02 ♎
Mercredi 23 novembre	▼ ● à 23 h 57	20 h 44 ♏
Jeudi 24 novembre	▲	
Vendredi 25 novembre	▲	16 h 56 ♐
Samedi 26 novembre	▲ P à 2 h 31 — 9 h 32 lune montante	
Dimanche 27 novembre	▲	21 h 22 ♑

Santé, beauté, bien-être

Ce mercredi 23 novembre, c'est la nouvelle lune ! Appelée aussi lune noire, la nouvelle lune plonge la nuit dans l'obscurité complète. Attention : ce n'est pas parce que l'on ne voit pas la nouvelle lune qu'elle a moins d'influence. La nouvelle lune est le signe de la nouveauté. C'est donc un moment privilégié pour mettre sur pied de nouveaux projets, donner une nouvelle direction à votre vie. N'hésitez pas à faire confiance à vos intuitions les plus profondes : elles vous guideront utilement.

Si vous avez décidé de vous mettre en valeur sur le plan physique, la nouvelle lune soutiendra votre décision et vous engagera à la persévérance. Vous obtiendrez des résultats rapides qui vous donneront envie de poursuivre l'activité.

À défaut d'un séjour en thalasso, vous pouvez préparer chez vous un splendide bain aux algues qui régénérera la peau et évacuera votre stress.

LE REMÈDE Bain thalasso aux algues

1. En boutique bio, achetez des algues fraîches ou déshydratées (kombu, dulce, haricot de mer).
2. Coupez les algues entières en petits morceaux et faites-les cuire dans une casserole d'eau bouillante pendant un quart d'heure.
3. Filtrez l'eau (ou conservez les algues si vous le souhaitez) et ajoutez-la (filtrée ou non) à un bain bien chaud.

Si vous désirez vous débarrasser d'une mauvaise habitude, c'est en lune croissante que vous devez agir.

Le saviez-vous ? En lune croissante, l'organisme reprend des forces.

Date	Notes :	Rendez-vous :
Lundi 21 novembre Prés. de Marie		
Mardi 22 novembre Ste Cécile		
Mercredi 23 novembre St Clément		
Jeudi 24 novembre Ste Flora		
Vendredi 25 novembre Ste Catherine		
Samedi 26 novembre Ste Delphine		
Dimanche 27 novembre St Séverin		

« La vie mettra des pierres sur ta route. À toi de décider d'en faire des murs ou des ponts. »

♈ Bélier ♉ Taureau ♊ Gémeaux ♋ Cancer ♌ Lion ♍ Vierge ♎ Balance ♏ Scorpion ♐ Sagittaire ♑ Capricorne ♒ Verseau ♓ Poissons

Date	Lune	Zodiaque
Lundi 28 novembre	lune montante	♑
Mardi 29 novembre	lune montante	18 h 23 ♒
Mercredi 30 novembre	Premier quartier à 15 h 36 – lune montante	
Jeudi 1er décembre	lune montante	
Vendredi 2 décembre	lune montante	1 h 36 ♓
Samedi 3 décembre	lune montante	
Dimanche 4 décembre	lune montante	13 h 55 ♈

Santé, beauté, bien-être

La lune peut devenir un formidable allié minceur ! Le corps est en phase d'assimilation pendant la lune croissante et en phase d'élimination au cours de la lune décroissante. En lune croissante, il convient donc d'alléger ses repas, tandis qu'en lune décroissante il est possible de manger ce que l'on veut, à condition d'éviter les excès. Les jours de pleine lune et de nouvelle lune doivent devenir des journées de détox ou de jeûne permettant à l'organisme de se reposer.

LE REMÈDE Mincir avec la camomille

La camomille est une plante médicinale qui, prise en infusion, est un diurétique doux mais efficace. Elle permet de combattre la rétention d'eau souvent causée par une alimentation déséquilibrée et un mode de vie sédentaire.

En raison de ses propriétés diurétiques et digestives, la camomille favorise un assainissement de l'organisme via l'élimination des toxines. Un corps exempt de toxines régira beaucoup mieux face à un régime alimentaire sain, ce qui se traduira par une meilleure perte de poids.

1. Préparez une infusion avec une tasse d'eau bouillante et une cuillerée à soupe de camomille. Laissez reposer pendant une dizaine de minutes pour que toutes les propriétés de la plante soient bien présentes dans la boisson.

2. Prenez 4 tasses de cette infusion chaque jour : trois avant les principaux repas pour réduire les envies de manger et faciliter la digestion, une dernière avant d'aller dormir pour réduire l'anxiété et favoriser un meilleur sommeil.

La lune croissante peut provoquer certains problèmes circulatoires ou veineux, des crises de rhumatisme, des migraines…

INFO SANTÉ Des gestes simples pour des massages tonifiants

1. Massez toujours en direction du cœur.

2. Commencez le massage par un effleurage en étalant l'huile de massage à la surface de la peau.

3. Accélérez peu à peu le rythme et la pression du massage en respectant les souhaits de la personne massée.

Le saviez-vous ? La lune montante est la période de prise de poids. À l'inverse, la lune descendante est celle de la perte de poids.

Date	Notes :	Rendez-vous :
Lundi 28 novembre St J. de la Marche		
Mardi 29 novembre St Saturnin		
Mercredi 30 novembre St André		
Jeudi 1er décembre Ste Florence		
Vendredi 2 décembre Ste Viviane		
Samedi 3 décembre S^t Fr.-Xavier		
Dimanche 4 décembre Ste Barbara		

« Le cœur connaît la bonne réponse. » Deepak Chopra

♈ Bélier ♉ Taureau ♊ Gémeaux ♋ Cancer ♌ Lion ♍ Vierge ♎ Balance ♏ Scorpion ♐ Sagittaire ♑ Capricorne ♒ Verseau ♓ Poissons

Date	Lune	Zodiaque
Lundi 5 décembre	▲ NA à 13 h 37 — lune montante	♈
Mardi 6 décembre	▲ lune montante	12 h 37 ♉
Mercredi 7 décembre	▲ lune montante	
Jeudi 8 décembre	▲ ○ à 5 h 08 — lune montante	
Vendredi 9 décembre	▼ lune montante jusqu'à 22 h 26, puis lune descendante	9 h 49 ♊
Samedi 10 décembre	▼ lune descendante	
Dimanche 11 décembre	▼ lune descendante	15 h 47 ♋

Santé, beauté, bien-être

La lune croissante est, par contre, un excellent moment pour déménager (aussi bien pour les êtres humains que pour les animaux, sauf lorsque l'astre se trouve en Lion ou en Cancer).
Si vous respectez cette bonne période, la phase d'accoutumance au nouveau lieu de vie est brève. Créer de nouveaux contacts pose rarement de véritables problèmes. C'est particulièrement important pour les enfants qui doivent s'habituer à un nouvel environnement, à une nouvelle école et à de nouveaux voisins.
Les bébés ne sont pas nerveux et leurs nuits sont paisibles.
Les animaux domestiques ont moins tendance à s'enfuir.
Par contre, si vous choisissez le mauvais moment pour déménager (c'est-à-dire la lune décroissante), une atmosphère de grande nervosité règnera. Les jeunes enfants seront plus perturbés, faisant même parfois des réactions allergiques. Les personnes âgées peuvent parfois ne pas s'habituer au changement. Les animaux domestiques, et en particulier les chats, essayeront de rejoindre leur ancien lieu de vie.

En lune décroissante, faites très attention aux excès alimentaires qui risquent de faire encore plus pencher la balance qu'en d'autres périodes. Par contre, c'est une bonne période pour vous attaquer à quelques kilos superflus ou pour entamer un régime minceur qui se montrera fort efficace.

Le saviez-vous ? Les jours de nœuds lunaires sont des jours néfastes pour entreprendre quoi que ce soit !

Date	Notes :	Rendez-vous :
Lundi 5 décembre St Gérald		
Mardi 6 décembre St Nicolas		
Mercredi 7 décembre St Ambroise		
Jeudi 8 décembre Imm. Conception		
Vendredi 9 décembre St Pierre Fourier		
Samedi 10 décembre St Romaric		
Dimanche 11 décembre St Daniel		

« Si vous ne pouvez pas réussir, vous pouvez essayer. Si vous pouvez essayer, vous pouvez réussir. » Anthony Robbins

♈ Bélier ♉ Taureau ♊ Gémeaux ♋ Cancer ♌ Lion ♍ Vierge ♎ Balance ♏ Scorpion ♐ Sagittaire ♑ Capricorne ♒ Verseau ♓ Poissons

Date	Lune	Zodiaque
Lundi 12 décembre	A à 1 h 28	♋
Mardi 13 décembre		7 h 02 ♌
Mercredi 14 décembre		
Jeudi 15 décembre		
Vendredi 16 décembre	◗ à 9 h 56	6 h 14 ♍
Samedi 17 décembre		
Dimanche 18 décembre		

lune descendante

Santé, beauté, bien-être

C'est une excellente période pour prévoir un soin anti-âge. Pour lutter contre les signes de l'âge sur le visage, les algues sont à la pointe ! Les végétaux marins contiennent des antioxydants en grande quantité. Ils luttent efficacement contre les radicaux libres qui sont responsables du vieillissement de la peau. Les algues sont aussi riches en nutriments et en minéraux, elles jouent donc un rôle important dans le renouvellement des cellules de la peau.
Les soins anti-âge aux algues permettent de redonner de l'élasticité et du tonus à la peau. Ils atténuent aussi naturellement les rides du visage. Pour aider le collagène à se renouveler, utilisez de préférence une microalgue d'eau douce : la chlorelle. Sa composition se rapproche du collagène présent dans notre peau. Elle est donc idéale pour le stimuler naturellement.

•

La lune a une influence sur la circulation sanguine : elle la favorise en lune croissante et la ralentit en lune décroissante. Lorsque la circulation sanguine est insuffisante, les muscles, les tendons et les articulations sont moins oxygénés et des douleurs articulaires (arthrose ou arthrite) peuvent s'installer.

LE REMÈDE Soulager les douleurs de l'arthrose

Vous pouvez soulager les douleurs de l'arthrose en combinant les effets de l'huile camphrée à ceux de l'ail pilé. L'huile camphrée contient 10 % de camphre aux effets vasodilatateurs. L'ail contient un composé soufré (allicine) qui possède des propriétés anti-inflammatoires par élimination des toxines, anti-œdémateuses et donc anti-douleurs.

1. Mélangez 2 cuillerées à soupe d'huile camphrée et 1 cuillerée à café d'ail pilé.

2. Massez très doucement les parties douloureuses de manière à obtenir une sensation de chaleur.

Le saviez-vous ? Il est possible de fabriquer soi-même des cosmétiques efficaces et économiques à base d'algues.

Date	Notes :	Rendez-vous :
Lundi 12 décembre S J.-F. de Chantal		
Mardi 13 décembre Ste Lucie		
Mercredi 14 décembre Ste Odile		
Jeudi 15 décembre Ste Ninon		
Vendredi 16 décembre Ste Alice		
Samedi 17 décembre St Gaël		
Dimanche 18 décembre St Gatien		

« Cette journée est un merveilleux cadeau que la vie me fait. »

♈ Bélier ♉ Taureau ♊ Gémeaux ♋ Cancer ♌ Lion ♍ Vierge ♎ Balance ♏ Scorpion ♐ Sagittaire ♑ Capricorne ♒ Verseau ♓ Poissons

Date	Lune	Zodiaque
Lundi 19 décembre	lune descendante	♍ ; 18 h 38 ♎
Mardi 20 décembre	ND à 2 h 34	
Mercredi 21 décembre Solstice d'hiver		7 h 42 ♏
Jeudi 22 décembre		
Vendredi 23 décembre	● à 11 h 16 ; 19 h 21	3 h 34 ♐
Samedi 24 décembre	P à 9 h 26 ; lune montante	
Dimanche 25 décembre		6 h 34 ♑

Santé, beauté, bien-être

C'est le moment de faire une cure permettant d'éliminer les toxines (foie et reins) par des tisanes diurétiques (ortie, pissenlit, bouleau).

LE REMÈDE Tisane d'ortie

1. Mettez une poignée de feuilles fraîches d'ortie dans une tasse et ajoutez 20 cl d'eau bouillante.
2. Laissez infuser pendant 10 minutes, en couvrant d'un linge propre.
3. Buvez régulièrement cette tisane pour prévenir et traiter les calculs rénaux.

La nouvelle lune, fin de la période décroissante, correspond à l'hiver. La peau a besoin d'être stimulée et la circulation sanguine dynamisée. Profitez-en pour faire des gommages.

LE REMÈDE Gommage au gros sel

Voici un petit traitement tout simple qui vous permettra d'éliminer naturellement les peaux mortes tout en stimulant la circulation sanguine.
1. Versez une généreuse cuillerée à soupe d'huile d'olive vierge extra dans un bol.
2. Ajoutez-y 2 à 3 cuillerées à soupe de gros sel.
3. Massez-vous ensuite avec cette préparation, en imprimant un petit mouvement circulaire.

Sauf lorsque la lune se trouve en Poissons, c'est la bonne période pour traiter les ongles incarnés.

BON À SAVOIR Ongles incarnés : kézako ?

Vous souffrez d'un ongle incarné si la peau qui entoure l'ongle est douloureuse lorsque vous la touchez, si elle est rouge et enflammée. Les ongles incarnés sont généralement provoqués par un ongle mal coupé, des chaussures mal adaptées ou, tout simplement, par une déformation des orteils.

Le saviez-vous ? La lune croissante est parfaite pour mettre en œuvre les projets décidés en nouvelle lune.

Date	Notes :	Rendez-vous :
Lundi 19 décembre St Urbain		
Mardi 20 décembre St Théophile		
Mercredi 21 décembre Hiver		
Jeudi 22 décembre S^te Fr.-Xavière		
Vendredi 23 décembre St Armand		
Samedi 24 décembre Ste Adèle		
Dimanche 25 décembre Noël		

« La patience est une vertu qui s'acquiert avec de la patience. »
Alessandro Morandotti

♈ Bélier ♉ Taureau ♊ Gémeaux ♋ Cancer ♌ Lion ♍ Vierge ♎ Balance ♏ Scorpion ♐ Sagittaire ♑ Capricorne ♒ Verseau ♓ Poissons

Date	Lune	Zodiaque
Lundi 26 décembre	▲ lune montante	♑
Mardi 27 décembre	▲ lune montante	2 h 02 ♒
Mercredi 28 décembre	▲ lune montante	
Jeudi 29 décembre	▲ lune montante	7 h 44 ♓
Vendredi 30 décembre	▲ ☽ à 2 h 20 lune montante	
Samedi 31 décembre	▲ lune montante	
Dimanche 1er janvier	▲ NA à 16 h 30 lune montante	10 h 26 ♈

Santé, beauté, bien-être

En lune montante, les crèmes, huiles et autres préparations pénètrent mieux la peau. Profitez de cette période pour les appliquer : elles auront d'autant plus d'effet.

LES RECETTES CRÈMES DE JOUR, CRÈMES DE NUIT

Il est possible de confectionner des crèmes « maison » plus saines, plus économiques et au moins aussi efficaces que les produits du commerce.

1. Pour préparer une crème de nuit, mélangez dans un grand bol un quart de verre de vinaigre, un demi-verre d'huile d'olive et un quart de verre d'eau distillée. Transvasez dans un flacon fermant hermétiquement. Chaque soir, juste avant de vous coucher, appliquez-la sur le visage en massant.

2. Si vous avez besoin d'une crème régénératrice, versez dix gouttes d'huile essentielle de patchouli dans un bol. Ajoutez un jus de citron, puis dix gouttes d'essence de rose. Mélangez à la cuillère, puis incorporez trois cuillerées à soupe d'huile d'amande douce. Mélangez et ajoutez quinze grammes de cire d'abeille. Faites chauffer au bain-marie jusqu'à obtention d'une consistance crémeuse. Laissez refroidir et transvasez dans un pot à large ouverture. Cette crème régénère les peaux abîmées et matures.

3. Au bain-marie, faites fondre dix grammes de cire d'abeille en granules dans sept centilitres et demi d'huile d'olive. Pendant ce temps, mettez douze feuilles fraîches de géranium dans un bocal en verre. Quand la cire d'abeille est fondue, versez-la dans le bocal. Fermez hermétiquement et laissez infuser trois semaines. À la fin de ce temps d'infusion, réchauffez une nouvelle fois le mélange au bain-marie, filtrez, laissez refroidir et ajoutez dix gouttes d'huile essentielle de géranium. Mélangez et transvasez dans un pot à large ouverture. Voilà une superbe crème démaquillante.

•

Cette période est déconseillée pour de nombreux travaux dentaires tels que plombages, couronnes, bridges, extractions, implants…

•

Faites d'autant plus attention aux excès alimentaires et aux grignotages qui se paieront cash sur la balance. Cette période est en effet favorable à la prise de poids. Dans le même ordre d'idées, évitez de débuter un régime minceur.

Le saviez-vous ? Pour éviter les problèmes respiratoires, faites confiance aux abeilles. Sucez de la propolis et mangez régulièrement du miel.

Date	Notes :	Rendez-vous :
Lundi 26 décembre St Étienne		
Mardi 27 décembre St Jean		
Mercredi 28 décembre Sts Innocents		
Jeudi 29 décembre St David		
Vendredi 30 décembre St Roger		
Samedi 31 décembre St Sylvestre		
Dimanche 1er janvier Jour de l'An		

« L'amour est la seule chose qui double à chaque fois qu'on la partage. »
Albert Schweitzer

Calendrier 2023

Janvier

1	D	Jour de l'An	
2	L	Basile	1
3	M	Geneviève	
4	M	Odilon	
5	J	Édouard	
6	V	Mélaine	
7	S	Raymond	
8	D	Épiphanie	
9	L	Alix	2
10	M	Guillaume	
11	M	Pauline	
12	J	Tatiana	
13	V	Yvette	
14	S	Nina	
15	D	Rémi	
16	L	Marcel	3
17	M	Roseline	
18	M	Prisca	
19	J	Marius	
20	V	Sébastien	
21	S	Agnès	
22	D	Vincent	
23	L	Barnard	4
24	M	Fr. de Sales	
25	M	Conv. St Paul	
26	J	Paule	
27	V	Angèle	
28	S	Th. d'Aquin	
29	D	Gildas	
30	L	Martine	5
31	M	Marcelle	

Février

1	M	Ella	
2	J	Chandeleur	
3	V	Blaise	
4	S	Véronique	
5	D	Agathe	
6	L	Gaston	6
7	M	Eugénie	
8	M	Jacqueline	
9	J	Apolline	
10	V	Arnaud	
11	S	N.-D. de Lourd.	
12	D	Félix	
13	L	Béatrice	7
14	M	Valentin	
15	M	Claude	
16	J	Julienne	
17	V	Alexis	
18	S	Bernadette	
19	D	Gabin	
20	L	Aimée	8
21	M	Mardi gras	
22	M	Cendres	
23	J	Lazare	
24	V	Modeste	
25	S	Roméo	
26	D	Nestor	
27	L	Honorine	9
28	M	Romain	

Mars

1	M	Aubin	
2	J	Charles le Bon	
3	V	Guénolé	
4	S	Casimir	
5	D	Olive	
6	L	Colette	10
7	M	Félicité	
8	M	Jean de Dieu	
9	J	Françoise	
10	V	Vivien	
11	S	Rosine	
12	D	Justine	
13	L	Rodrigue	11
14	M	Mathilde	
15	M	Louise	
16	J	Bénédicte	
17	V	Patrice	
18	S	Cyrille	
19	D	Joseph	
20	L	PRINTEMPS	12
21	M	Clémence	
22	M	Léa	
23	J	Victorien	
24	V	Cath. de Suède	
25	S	Annonciation	
26	D	Larissa	
27	L	Habib	13
28	M	Gontran	
29	M	Gwladys	
30	J	Amédée	
31	V	Benjamin	

Avril

1	S	Hugues	
2	D	Rameaux	
3	L	Richard	14
4	M	Isidore	
5	M	Irène	
6	J	Marcellin	
7	V	Vendredi saint	
8	S	Julie	
9	D	Pâques	
10	L	L. de Pâques	15
11	M	Stanislas	
12	M	Jules	
13	J	Ida	
14	V	Maxime	
15	S	Paterne	
16	D	Benoît-Joseph	
17	L	Anicet	16
18	M	Parfait	
19	M	Emma	
20	J	Odette	
21	V	Anselme	
22	S	Alexandre	
23	D	Georges	
24	L	Fidèle	17
25	M	Marc	
26	M	Alida	
27	J	Zita	
28	V	Valérie	
29	S	Cath. de Sienne	
30	D	Robert	

Mai

1	L	Fête du Travail	18
2	M	Boris	
3	M	Phil., Jacq.	
4	J	Sylvain	
5	V	Judith	
6	S	Prudence	
7	D	Gisèle	
8	L	Victoire 1945	19
9	M	Pacôme	
10	M	Solange	
11	J	Estelle	
12	V	Achille	
13	S	Rolande	
14	D	Matthias	
15	L	Denise	20
16	M	Honoré	
17	M	Pascal	
18	J	Ascension	
19	V	Yves	
20	S	Bernardin	
21	D	Constantin	
22	L	Émile	21
23	M	Didier	
24	M	Donatien	
25	J	Sophie	
26	V	Bérenger	
27	S	Augustin	
28	D	Pentecôte	
29	L	L. de Pent.	22
30	M	Ferdinand	
31	M	Visitation	

Juin

1	J	Justin	
2	V	Blandine	
3	S	Kévin	
4	D	Fête des Mères	
5	L	Igor	23
6	M	Norbert	
7	M	Gilbert	
8	J	Médard	
9	V	Diane	
10	S	Landry	
11	D	Barnabé	
12	L	Guy	24
13	M	Antoine de P.	
14	M	Élisée	
15	J	Germaine	
16	V	J.-F. Régis	
17	S	Hervé	
18	D	Fête des Pères	
19	L	Romuald	25
20	M	Silvère	
21	M	ÉTÉ	
22	J	Alban	
23	V	Audrey	
24	S	Jean-Baptiste	
25	D	Prosper	
26	L	Anthelme	26
27	M	Fernand	
28	M	Irénée	
29	J	Pierre, Paul	
30	V	Martial	

Juillet

1	S	Thierry	
2	D	Martinien	
3	L	Thomas	27
4	M	Florent	
5	M	Antoine	
6	J	Mariette	
7	V	Raoul	
8	S	Thibault	
9	D	Amandine	
10	L	Ulrich	28
11	M	Benoît	
12	M	Olivier	
13	J	Henri, Joël	
14	V	Fête nationale	
15	S	Donald	
16	D	N.-D. Mt-Carmel	
17	L	Charlotte	29
18	M	Frédéric	
19	M	Arsène	
20	J	Marina	
21	V	Victor	
22	S	Marie-Madeleine	
23	D	Brigitte	
24	L	Christine	30
25	M	Jacques	
26	M	Anne, Joachim	
27	J	Nathalie	
28	V	Samson	
29	S	Marthe	
30	D	Juliette	
31	L	I. de Loyola	31

Août

1	M	Alphonse	
2	M	Julien-Eymard	
3	J	Lydie	
4	V	J.-M. Vianney	
5	S	Abel	
6	D	Transfiguration	
7	L	Gaétan	32
8	M	Dominique	
9	M	Amour	
10	J	Laurent	
11	V	Claire	
12	S	Clarisse	
13	D	Hippolyte	
14	L	Évrard	33
15	M	Assomption	
16	M	Armel	
17	J	Hyacinthe	
18	V	Hélène	
19	S	Jean-Eudes	
20	D	Bernard	
21	L	Christophe	34
22	M	Fabrice	
23	M	Rose de Lima	
24	J	Barthélemy	
25	V	Louis	
26	S	Natacha	
27	D	Monique	
28	L	Augustin	35
29	M	Sabine	
30	M	Fiacre	
31	J	Aristide	

Septembre

1	V	Gilles	
2	S	Ingrid	
3	D	Grégoire	
4	L	Rosalie	36
5	M	Raïssa	
6	M	Bertrand	
7	J	Reine	
8	V	Adrien	
9	S	Alain	
10	D	Inès	
11	L	Adelphe	37
12	M	Apollinaire	
13	M	Aimé	
14	J	Materne	
15	V	Roland	
16	S	Édith	
17	D	Renaud	
18	L	Nadège	38
19	M	Émilie	
20	M	Davy	
21	J	Matthieu	
22	V	Maurice	
23	S	AUTOMNE	
24	D	Thècle	
25	L	Hermann	39
26	M	Côme, Damien	
27	M	Vincent de P.	
28	J	Venceslas	
29	V	Michel	
30	S	Jérôme	

Octobre

1	D	Thér. de l'Enf.	40
2	L	Léger	
3	M	Gérard	
4	M	Fr. d'Assise	
5	J	Fleur	
6	V	Bruno	
7	S	Serge	
8	D	Pélagie	
9	L	Denis	41
10	M	Ghislain	
11	M	Firmin	
12	J	Wilfried	
13	V	Géraud	
14	S	Juste	
15	D	Thér. d'Avila	
16	L	Edwige	42
17	M	Baudouin	
18	M	Luc	
19	J	René	
20	V	Adeline	
21	S	Céline	
22	D	Élodie	
23	L	Jean de Capist.	43
24	M	Florentin	
25	M	Crépin	
26	J	Dimitri	
27	V	Émeline	
28	S	Simon, Jude	
29	D	Narcisse	
30	L	Bienvenu	44
31	M	Quentin	

Novembre

1	M	Toussaint	
2	J	Défunts	
3	V	Hubert	
4	S	Charles	
5	D	Sylvie	
6	L	Bertille	45
7	M	Carine	
8	M	Geoffroy	
9	J	Théodore	
10	V	Léon	
11	S	Armistice 1918	
12	D	Christian	
13	L	Brice	46
14	M	Sidoine	
15	M	Albert	
16	J	Marguerite	
17	V	Élisabeth	
18	S	Aude	
19	D	Tanguy	
20	L	Edmond	47
21	M	Prés. Marie	
22	M	Cécile	
23	J	Clément	
24	V	Flora	
25	S	Catherine	
26	D	Delphine	
27	L	Séverin	48
28	M	Jacq. de la M.	
29	M	Saturnin	
30	J	André	

Décembre

1	V	Florence	
2	S	Viviane	
3	D	Fr.-Xavier	
4	L	Barbara	49
5	M	Gérald	
6	M	Nicolas	
7	J	Ambroise	
8	V	Im. Concep.	
9	S	Pierre Fourier	
10	D	Romaric	
11	L	Daniel	50
12	M	J.-F. de Chantal	
13	M	Lucie	
14	J	Odile	
15	V	Ninon	
16	S	Alice	
17	D	Gaël	
18	L	Gatien	51
19	M	Urbain	
20	M	Théophile	
21	J	Pierre Canisius	
22	V	HIVER	
23	S	Armand	
24	D	Adèle	
25	L	Noël	52
26	M	Étienne	
27	M	Jean	
28	J	Innocents	
29	V	David	
30	S	Roger	
31	D	Sylvestre	